KB274448

지 구 보

글 이자벨 니콜라치 **그림·지도** 크리스틴 퐁송 **사진** 비오포토 **옮김** 김이정

환경 교서

그린·북

[차 례]

우리의 푸른 별 지구

8 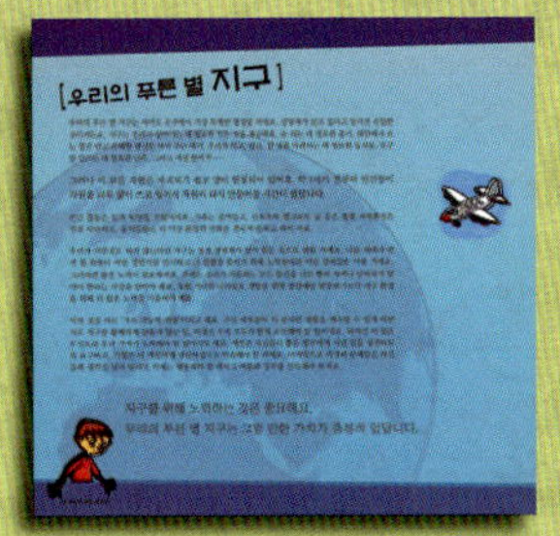

우리의 푸른 별 지구는
아마도 우주에서 가장 특별한 행성일 거예요.
바로 생명체가 살고 있거든요.
지구는 생명체가 살아가는 데 필요한 모든 것을 제공해 주지요.

땅

10 

사람

22 

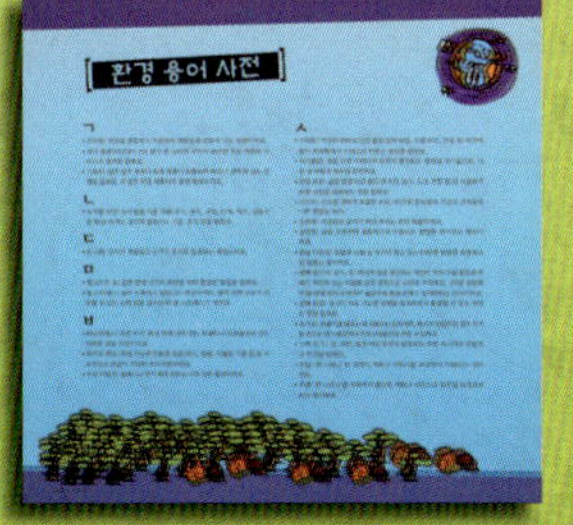

생태 발자국 : 음식, 옷, 에너지 등을 생산하는 인간의 모든 산업 활동과 쓰레기 처리에 드는 비용을 토지 면적으로 나타낸 수치예요. 1인당 감당해야 할 생태 발자국 면적이 넓을수록 환경 문제가 심각하다는 의미이지요.

[우리의 푸른 별 지구]

우리의 푸른 별 지구는 아마도 우주에서 가장 특별한 행성일 거예요. 생명체가 살고 있다고 알려진 유일한 곳이거든요. 지구는 우리가 살아가는 데 필요한 모든 것을 제공해요. 숨 쉬는 데 필요한 공기, 태양에서 오는 열은 담고 유해한 광선은 막아 주는 대기, 우리가 먹고, 입고, 살 곳을 마련하는 데 필요한 동식물, 도구를 만드는 데 필요한 금속, 그리고 마실 물까지……

그러나 이 모든 자원은 파괴되기 쉽고 양이 한정되어 있어요. 약 1세기 전부터 인간들이 자원을 너무 많이 쓰고 있어서 자원이 다시 만들어질 시간이 없답니다.

인간 활동은 물과 토양을 오염시켜요. 석유는 줄어들고, 산호초와 맹그로브 숲 같은 몇몇 자연환경은 점점 사라지고, 동식물들은 더 이상 환경의 변화를 견디지 못하고 죽어 가요.

우리가 아무것도 하지 않는다면 지구는 점점 생명체가 살기 힘든 곳으로 변할 거예요. 다음 세대가 겪게 될 위험이 어떤 것인지를 인식하고 그 위험을 줄이기 위해 노력한다면 이런 상처들은 아물 거예요. 그러려면 많은 노력이 필요하지요. 우리는 우리가 사용하는 모든 물건을 너무 빨리 사거나 낭비하지 말아야 한다는 사실을 알아야 해요. 또한 가난한 나라들도 개발을 위해 생산에만 열중하기보다 지구 환경을 위해 더 많은 노력을 기울여야 해요.

이런 것을 바로 '지속 가능한 개발'이라고 해요. 주민 대부분이 더 편리한 생활을 계속할 수 있게 하면서도 지구를 황폐하게 만들지 않는 일, 이것은 우리 모두가 함께 고민해야 할 일이에요. 하지만 이 일은 무엇보다 우리 각자가 노력해야 할 일이기도 해요. 개인은 자신들이 뽑은 정부에게 이런 일을 실천하도록 요구하고, 기업은 더 깨끗하게 생산하겠다고 약속해야 할 거예요. 마지막으로 비영리 단체들은 자신들의 생각을 널리 알리고 이제는 행동해야 할 때라고 여론과 정부를 설득해야 하지요.

지구를 위해 노력하는 것은 중요해요.
우리의 푸른 별 지구는 그럴 만한 가치가 충분히 있답니다.

지구의 한쪽에서는 넘쳐 나고 다른쪽에서는 부족해요!

1. 아프리카

아프리카는 최초로 인간이 등장한 대륙이에요. 오늘날 세계에서 인구가 두 번째로 많은 곳이지요. 아프리카에는 석유, 가스, 금속, 보석 같은 천연자원이 가득해요. 그러나 가장 가난한 대륙이기도 하지요. 대부분의 인구가 전염병에 시달리고, 물을 구하기가 힘들고, 먹고살기가 힘들어요. 서구의 생활 방식 때문에 생기는 이상 기후의 피해를 가장 심각하게 입을 수 있는 대륙이랍니다.

2. 아시아

아시아는 변화무쌍한 대륙이에요. 전통적인 생활 방식과 최신식 도시가 공존하고 있지요. 가장 인구가 많은 대륙으로, 전 세계 인구의 3분의 2가량이 살고 있기도 해요. 인구 성장률이 아주 가파르게 상승하고 있는데 특히 인도와 중국이 그렇답니다. 또한 중국의 경제가 폭발적으로 성장하고 인도의 경제 발전이 더욱 가속화하면서 기록적인 공해를 일으키고 있어요. 중국과 인도는 서양의 공장이라고 할 정도지요. 유럽과 북아메리카에서 사용하는 대부분의 재화(컴퓨터, 장난감, 옷, 신발 등)를 바로 이곳에서 생산하거든요.

3. 유럽

유럽은 '구대륙'이라 불려요. 150년 전 현재의 경제 모델이 생겨난 곳이지요. 산업의 발전은 많은 소비재를 이용할 수 있게 해 주었고, 건강과 교육을 개선시켜 주었어요. 나라는 점점 부유해졌고 기술력은 더욱 발전했어요. 그러나 이런 발전은 건강한 지구를 희생시켰지요. 이것은 오늘날 유럽이 솔선수범해야 하는 이유예요. 유럽은 지구와 그 주민들을 더 존중하는 다른 개발 방식을 다시 만들어 내야 한답니다.

4. 북아메리카

미국과 캐나다는 낮은 실업률과 높은 생활 수준을 가진 나라예요. 그러나 이곳 사람들은 과소비하는 경향이 있어요. 지구의 모든 사람이 아메리카 사람들처럼 생활한다면 지구가 다섯 개는 있어야 할 거예요! 그러나 점차 사람들의 사고방식이 바뀌고 있어요. 세계 곳곳에서 사람들은 에너지를 절약해야 한다는 인식을 하고 있고, 이제는 그것을 실천해야 할 때랍니다.

5. 남아메리카

세계에서 가장 큰 열대림인 아마존이 있는 곳이에요. 아마존에는 아직도 알려지지 않은 수많은 동식물 종이 살고 있어요. 그러나 아마존은 경작지, 특히 마약이나 바이오 연료를 재배하는 경작지가 생기면서 파괴되고 있어요. 남아메리카에는 세상에서 가장 긴 강인 아마존 강도 있고, 아주 다양한 전통문화들도 남아 있어요. 이것은 보존해야 할 자원이지요. 한편, 인구는 오염된 대도시로 점점 더 집중되고 있어요.

6. 오세아니아

전 세계 대륙 중 가장 작은 대륙이에요. 오스트레일리아 같은 큰 섬과 작은 섬들이 많이 모여 있어요. 따라서 이곳은 바다와 고기잡이의 대륙이지요. 이곳은 산호의 죽음과 수많은 물고기의 멸종을 겪는 첫 번째 희생지예요. 기후 변화로 인한 난민들이 처음으로 생긴 곳이기도 하지요. 지구 온난화로 인해 수면이 높아지면서 키리바시(중부 태평양의 서쪽에 있는 섬나라)의 섬 주민들은 살 곳을 잃어 가고 있어요. 같은 현상이 몰디브의 지대가 낮은 몇몇 섬들, 인도양의 수많은 섬 등 지구의 다른 지역에서도 일어나고 있어요.

[땅]

산업 사회가 시작되면서부터 지구는 갖은 시련을 겪고 있어요. 인구가
점점 늘어나자 숲을 파괴하여 경작지를 늘리고, 도시를 건설하여
자연환경을 훼손하기 시작했어요. 수많은 생물들이 삶의 터전을 잃고
사람들의 먹거리가 되거나 환경 오염 때문에 사라지고 있어요. 또한
인간은 아무 생각 없이, 때로는 불필요하게 땅을 훼손하면서 지구의
자원을 낭비하고 있어요. 이대로 가다간 머지않아 지구의 자원은 모두
고갈되고 말 거예요. 오늘날 우리는 지속 가능한 개발을 하기 위한 방법을
알아내야 해요. 이런 노력이 이어진다면 천연자원이 다시 만들어지는
시간을 벌 수 있답니다.

[과소비되는 자원]

약 70억 명에 이르는 전 세계인들은 지구의 육지를 함께 나눠 써야 해요. 사막이나 산꼭대기처럼 생산을 할 수 없는 땅을 제외한다면 우리 각자가 쓸 수 있는 땅의 크기는 2헥타르예요. 축구장 3개 크기의 땅이지요. 그런데 식량을 재배하고, 자동차의 연료로 쓰는 석유와 집 난방에 쓰는 가스를 채굴하고, 직장이나 학교로 가는 길을 닦는 데에 우리 각자가 사용하는 땅의 실제 크기를 계산해 보면 평균 2.5헥타르에 이르지요.

생태 발자국과 생태 용량

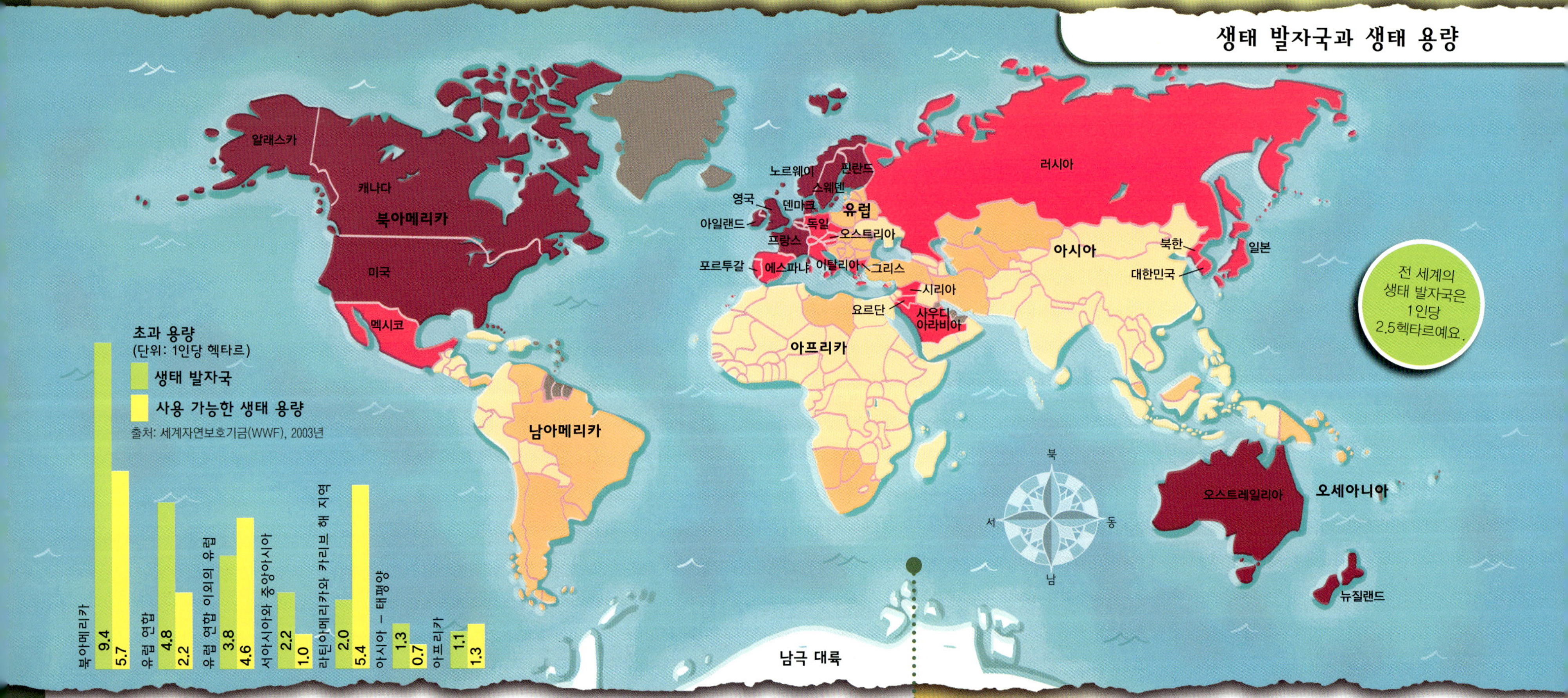

환경을 빌려주는 환경 채권국과 환경의 빚을 진 환경 채무국

생태 발자국*은 우리가 살아가는 데 필요한 모든 생산 활동과 쓰레기를 폐기하는 데 드는 비용을 토지 면적으로 나타낸 지수를 말해요. 생태 발자국은 1980년대에 사용할 수 있는 육지의 면적(이것을 생태 용량*이라고 해요.)을 넘어서기 시작했어요. 오늘날, 인간이 한 해에 사용하는 환경 자원을 지구가 재생산하려면 약 1년 3개월이 걸려요. 이것도 평균 기간일 뿐이에요. 아프리카와 동남아시아에서는 대부분 그 지역의 생태 용량보다 자원 채굴을 더 적게 해요. 이런 나라들은 '환경 채권국'이에요. 반대로 북아메리카, 서유럽과 오스트레일리아는 자원 채굴을 더 많이 하는 '환경 채무국'이지요.

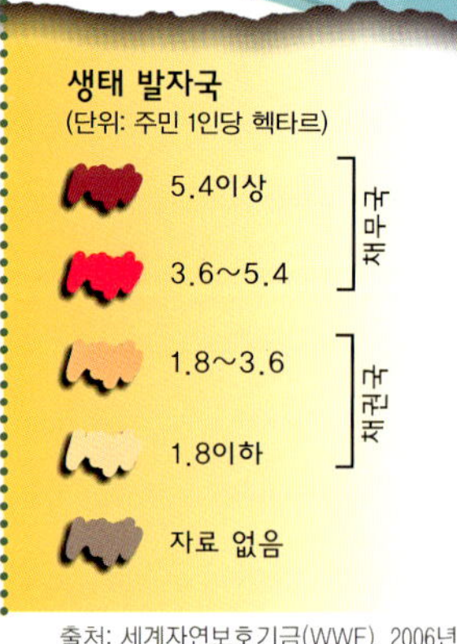

전 세계 부의 수치

40년 만에 서양의 여러 나라들은 재생이 가능하든 가능하지 않든 간에 에너지와 자원을 대량으로 쓰는 생산과 소비 방식으로 나아갔어요.

한 나라의 국내 총생산(GDP)*은 그 나라에서 한 해에 생산된 모든 재화와 서비스의 가치를 말해요.

1인당 GDP
(단위: 달러, 2004년)

- 28,565 이상
- 9,600~28,565
- 2,220~9,600
- 2,220 이하
- 자료 없음

출처: 유엔무역개발이사회(UNCTAD), 2004년

소비가 환경에 미치는 영향

생태 발자국이 가장 넓은 축에 속하는 나라들은 국내 총생산이 높고 가장 부유한 나라들이에요. 한 나라의 국민 1인당 GDP가 1년에 2만 달러가 넘으면 그 나라는 선진국에 속해요. 그런데 문제는 부유할수록 더 많이 소비한다는 거예요. 사람들이 소비하는 제품들 (음식, 장난감, 텔레비전 등)을 생산하고 작동시키기 위해서는 원자재를 사용해서 에너지를 소비해야 해요. 이것이 바로 **공해**를 일으키지요.

아프가니스탄은 환경 채권국에 속해요. 개발되지 않은 자원들을 많이 가지고 있거든요. 그렇더라도 이중 몇몇 자원들은 파괴되거나 과소비되고 있답니다.

에너지 붐

1961년부터 전 세계의 생태 발자국은 3배로 늘어났어요. 생태 발자국을 구성하는 모든 요소들이 증가했고, 특히 이산화탄소(CO_2)를 배출하는 석탄, 석유와 천연가스 같은 **화석 연료***의 사용량이 늘어났어요. 먼 나라의 상품들을 수입하기 위해 점점 더 많은 교통수단을 사용하기 때문이에요. 이것이 바로 무역의 **세계화**예요.

각 구성 요소의 생태 발자국
(1961년~2003년, 단위: 10억 헥타르)

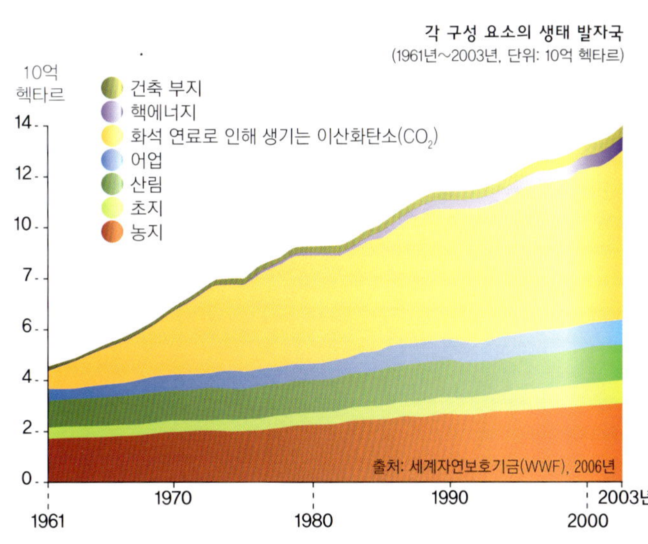

우리가 물건을 하나 살 때마다 지구 환경에 영향을 끼쳐요. 그 물건을 만들기 위해 천연자원을 채굴하고 자원을 가공하기 위해 에너지를 소비했으니까요. 그런데 이렇게 만든 물건들은 결국, 대부분 버려져 재활용해야 할 쓰레기가 되지요.

[위기에 처한 농업]

20세기에 걸쳐 세계 인구가 증가하면서 농업의 형태는 점점 대규모로 바뀌어 갔어요. 농업이 점점 현대화하면서 가능했지요. 과학자들은 좀 더 잘 번식하는 식물 종들을 개발했어요. 농민은 더 많은 농작물을 수확하기 위해 비료를 사용하고, 농작물이 병들지 않게 살충제*를 뿌렸지요. 트랙터, 콤바인 (수확 탈곡기)도 밭으로 들어와 농민들이 일을 더 빨리할 수 있게 도와주었고요. 기차나 비행기 같은 교통수단이 발전하자 농산물은 전 세계 어디에서나 팔릴 수 있게 되었어요. 그러나 이런 집약 농업*은 환경, 특히 토양을 오염시킨답니다.

식료품 소비

식료품 소비의 변화
(1995년~2001년 사이의 연간 평균 증가율)

- 2% 이상 증가
- 1~2% 증가
- 1% 이하 증가
- 소비 감소
- 자료 없음

출처: 국제식량농업기구(FAO), 2003년

세계 식량 위기

2007년과 2008년에 전 세계적으로 심각한 식량 위기를 겪었어요. 이 기간 동안 곡물의 수요가 저장량을 넘어섰지요. 그 결과, **곡물 가격**이 두 배로 뛰고, 너무 비싸 곡물을 살 수 없는 사람들도 생겨났어요. 식량 위기의 원인은 여러 가지예요. 가뭄과 사막화*가 한 원인이지요. 또 다른 이유는 토지들을 '초록색 연료'라 불리는 **바이오 연료***를 생산하는 데에 사용한 것이에요. 바이오 연료가 곡물보다 더 비싸게 팔리기 때문이지요. 그와 동시에 인구의 증가와 육류 수요의 증가(가축은 곡물을 많이 먹어요.)는 곡물의 수요를 증가시켰어요. 이런 식량 위기는 언제든 다시 올 수 있답니다.

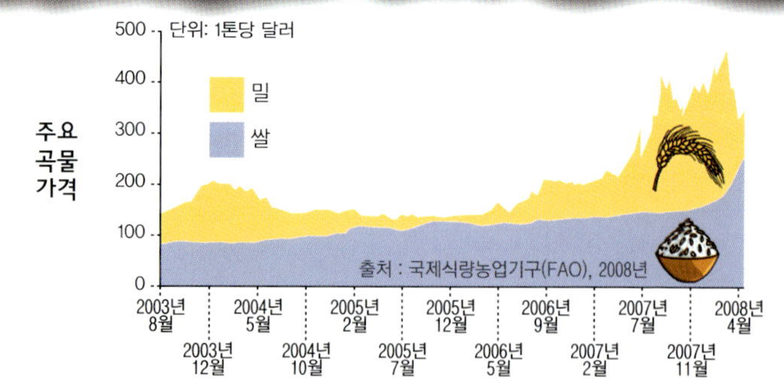

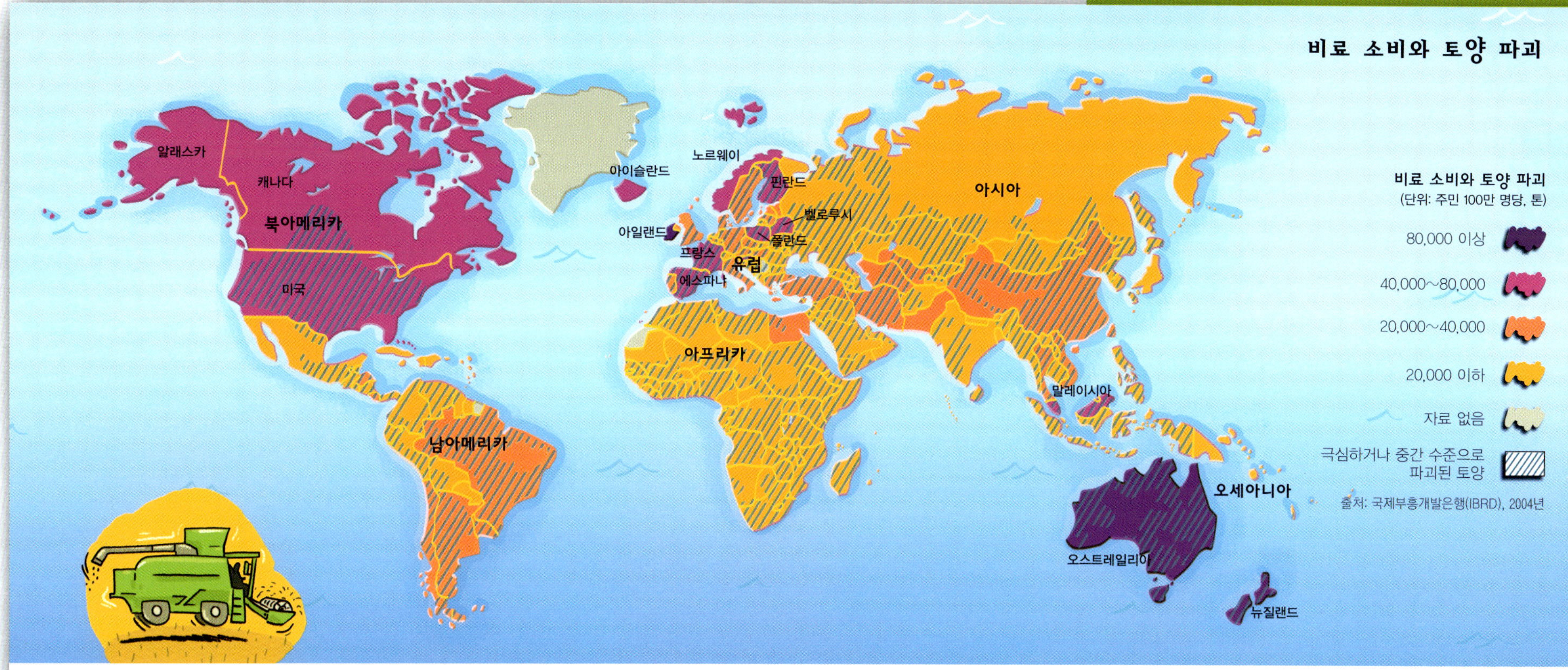

집약 농업의 폐해

20세기 중반에 부유한 나라들에서는 **화학 비료**, 살충제, 살진균제(곰팡이 방지약), 제초제, 농기계 등을 사용하는 집약 농업이 발전했어요. 그러나 이런 화학제품들은 토양과 물을 오염시켜요. 이제 집약 농업은 많은 사람들을 먹여 살리기 위해 꼭 필요해 보여요. 그러나 **환경을 오염시키지 않는 방법**을 찾아내야 해요. 합리적 농업*이나 유기 농업*이 집약 농업을 대체하는 한 방법이 될 수 있지요.

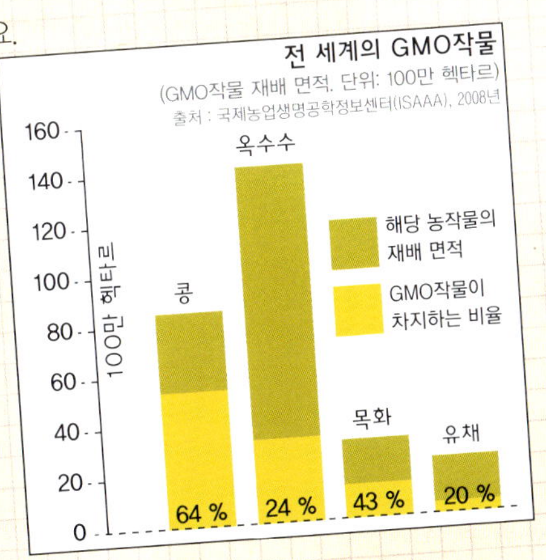
농업과 유전학

1995년부터 몇몇 농작물에 유전자를 조작하여 수확하기 시작했어요. 한 생명체의 유전자에는 그 생명체의 모든 정보가 들어 있어요. 유전자 조작은 이런 유전자 정보를 변형시키는 거예요. 예를 들어 옥수수의 천적인 마디충나방을 물리칠 수 있는 유전자를 옥수수에 넣어요. 그러면 마디충나방에 견디는 GMO(유전자 변형 농산물*) 옥수수를 얻을 수 있지요.

이런 방법은 농업이 발전하는 데 큰 기여를 하지만 인간과 환경에 어떤 영향을 미칠지 알 수 없기 때문에 불안해요. 그러나 이런 방법을 사용하는 예가 점점 더 늘어나고 있답니다.

쌀, 밀, 옥수수는

40억 인구의

기초 식량이에요.

집약 농업과 마찬가지로, 집약 사육도 있어요. 수많은 가축들을 닫힌 공간이나 우리 안에 모아 놓고 키우는 것이지요. 사육자들은 빨리 자라게 하는 사료를 가축들에게 먹이고 병에 걸리지 않도록 항생제도 준답니다.

[줄어드는 숲, 늘어나는 사막]

오늘날, 숲은 육지의 약 3분의 1을 차지해요. 그러나 1990년과 2005년 사이에 숲의 3%가 사라졌어요. 숲이 차지했던 면적이 줄어드는 것을 **산림 파괴***라고 해요. 실제로 농사를 짓기 위해, 또는 가구나 집을 만들기 위해 사람들은 나무를 베어 내요. 가뭄, 과밀 방목, 과도한 토지 개발로 빚어진 산림 파괴는 어떤 지역을 사막으로 만들기도 해요. 사막화는 그곳에 사는 사람들의 생활 방식을 바꾸기도 하고, 숲에 사는 많은 생물들을 사라지게 만들거나, 기후를 바꾸기도 한답니다.

사막화와 산림 파괴

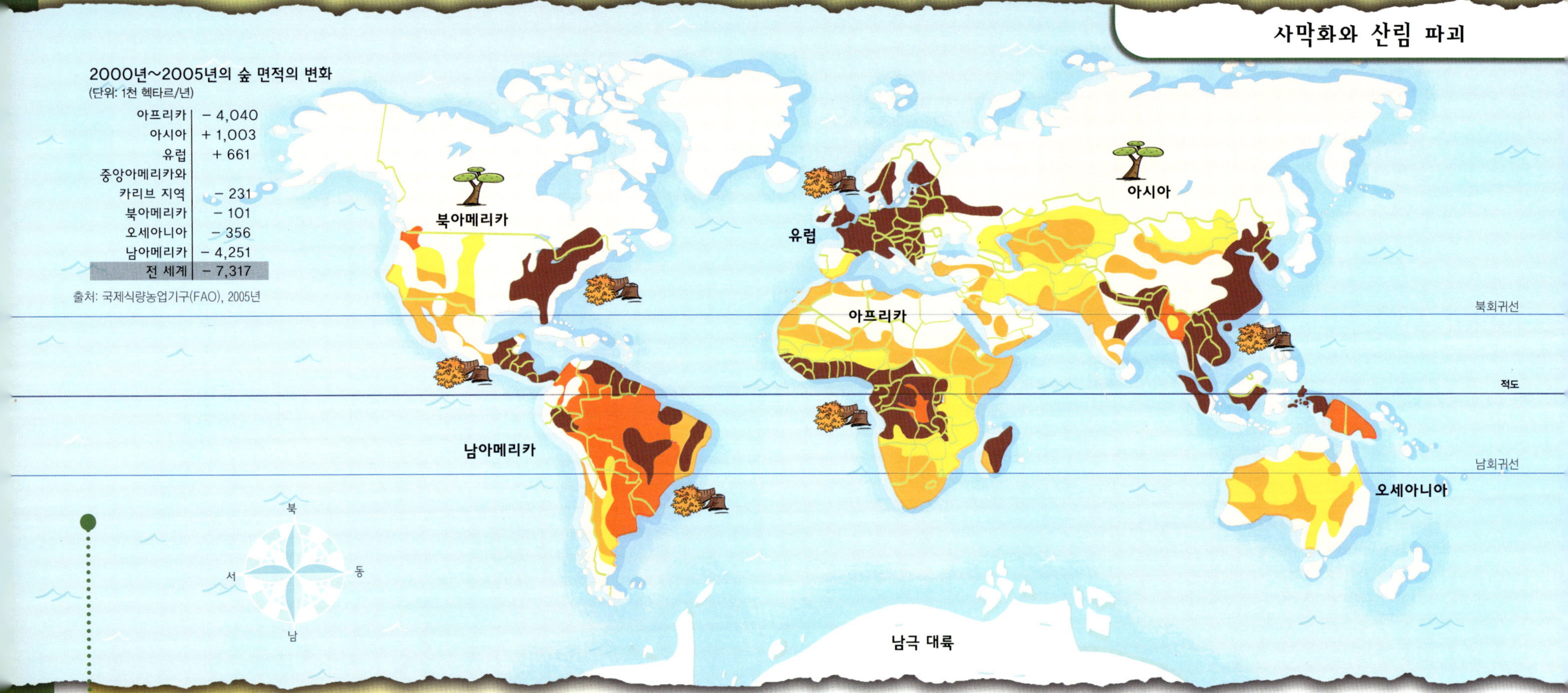

2000년~2005년의 숲 면적의 변화
(단위: 1천 헥타르/년)

아프리카	− 4,040
아시아	+ 1,003
유럽	+ 661
중앙아메리카와 카리브 지역	− 231
북아메리카	− 101
오세아니아	− 356
남아메리카	− 4,251
전 세계	− 7,317

출처: 국제식량농업기구(FAO), 2005년

사막화
(단위: 전체 면적의 %/년)

심함: 0.5% 이상
보통: 0.5% 이하
심각한 피해 없음

출처: 프랑스 자료원

산림 파괴
(단위: 전체 면적의 %/년)

심함: 1.5% 이상
보통: 0.5~1.5%

숲이 줄어들고 있어요

전 세계 숲의 절반 이상이 캐나다, 미국, 러시아와 브라질에 있어요. 유럽 같은 몇몇 지역에서는 다시 나무를 심고 있지만 대부분의 대륙에서는 나무가 사라지고 있어요. 동남아시아와 남아메리카에서는 **산림 파괴**가 매우 빠르게 진행되고 있어요. 주로 가구를 만드는 목재 산업과 숲을 불태워 농사를 짓는 화전농이 1990년과 2005년 사이에 아프리카 대륙에 있는 숲 전체 면적의 9%를 훼손시켰어요.

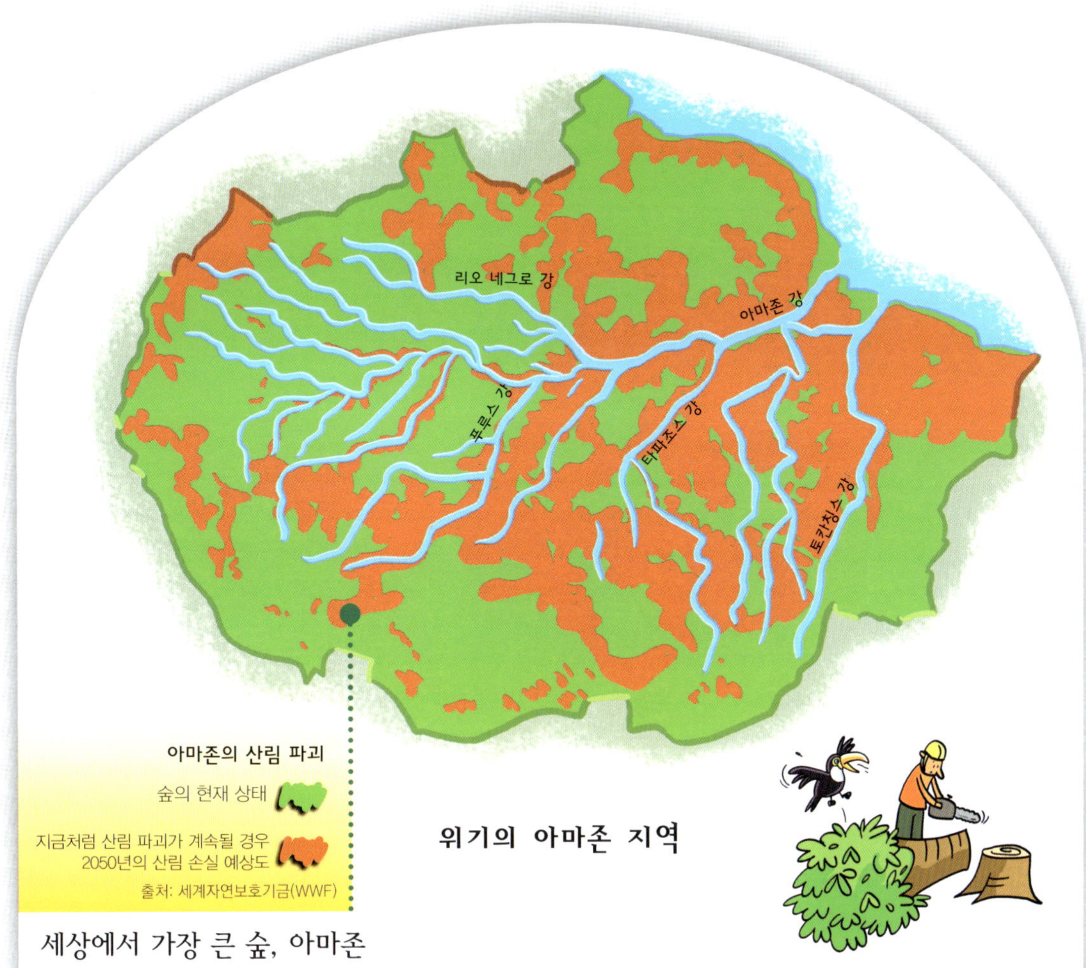

세상에서 가장 큰 숲, 아마존

아마존은 지구 상에서 가장 큰 숲이에요. 그러나 2000년 한 해 동안 베어 낸 나무의 양 만큼 앞으로도 계속 나무를 벤다면 붉은색으로 표시된 지역은 2050년이면 모두 사라질 거예요. 오늘날, **불도저**로 밀어 버리거나, 벌목업자들이 톱으로 베거나, 아직도 전통적인 **화전농**을 하는 농민들이 불을 내서 숲이 사라지고 있어요. 아마존에는 수백만 종의 새들, 수천만 종의 약초들이 서식하고 있고, 멸종 위기에 처한 재규어들도 살고 있답니다.

헛된 희망

아마존의 산림 파괴는 3년 전부터 감소했다가 2007년 9월부터 다시 증가했어요. 농민들은 토지의 부족과 농산물 가격 상승 때문에 산림을 파괴하여 땅을 개간하고 있어요. 브라질의 환경법이 이를 금지하고 있지만 말이에요.

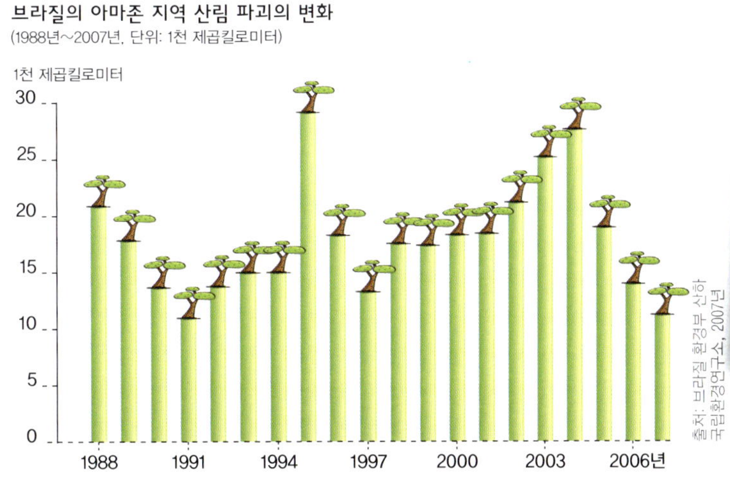

브라질의 아마존 지역 산림 파괴의 변화
(1988년~2007년, 단위: 1천 제곱킬로미터)

적도 지역의 산림 파괴는 주로 농작물 산업* 때문에 일어나요. 숲을 태워 얻은 재는 농사에서 천연 비료로 사용되어요. 그러나 화재는 토질을 땅속 깊이 메마르게 하지요.

척박한 적도 지역의 가정에서 주로 사용하는 에너지원은 나무예요.

생물 다양성의 위기

생물 다양성*이란 지구에 살고 있는 다양한 생명을 가리키는 말이에요.
생물 다양성은 동물, 식물, 균류, 박테리아 등을 포함하지요. 생물의
각 종은 저마다 생태계의 균형을 유지하는 역할이 있기 때문에 아주
중요해요. 그러나 현재 생물 다양성은 위협 받고 있어요. 1만 5천여
종이 멸종될 위기에 처해 있거든요. 수많은 생물들이 가뭄, 화재,
특히 인간 활동에 의해 희생되고 있답니다. 지나친 어업 활동, 사냥,
생물의 서식지를 파괴하는 도시나 도로 건설, 생물을 병들게 만드는
공해 등의 이유로 말이지요.

보호해야 할 지역들

오른쪽 지도에서 오렌지색은 가장 **다양한 생물**이 살고 있는 동시에 가장 위협을
받고 있는 육지 34곳을 표시한 거예요. 어느 곳보다도 우선적으로 보호해야
할 지역이지요. 지구 표면의 2.3%밖에 되지 않지만 지구의 모든 동식물 종의
약 65%가 살고 있는 곳이랍니다.

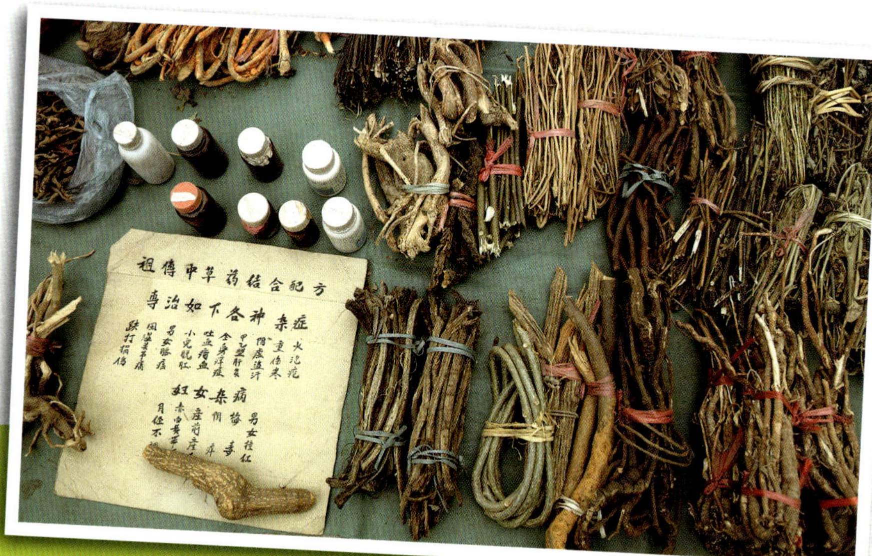

전통 동양 의학에서는 2만 가지의 식물을 사용해요. 오늘날 우리는
다양한 종류의 생물들을 훼손시킴으로써 미래에 우리를 치료해 줄 수도
있는 식물들을 잃고 있어요.

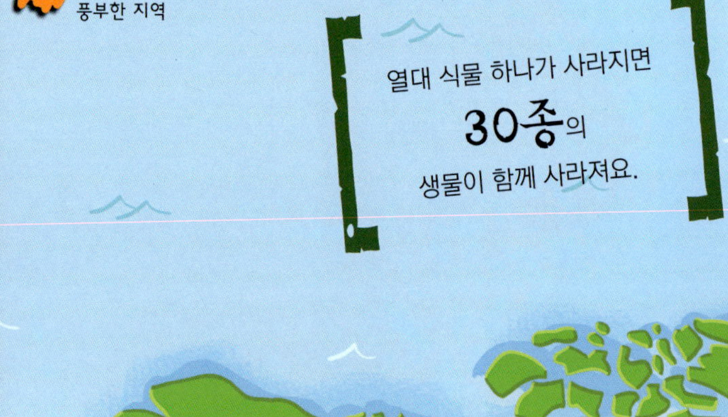

열대 식물 하나가 사라지면
30종의
생물이 함께 사라져요.

전 세계 생물 다양성의 보고 34곳

1. 칠레의 남부 숲
2. 중국 남서부 산악 지대
3. 인도–미얀마 지역
4. 마다가스카르와 인도양의 섬들
5. 오스트레일리아 남서부
6. 아프리카 대륙 동부 반도 지역
7. 멜라네시아 동부
8. 세하도
9. 코카서스
10. 카리브 제도
11. 지중해 지역
12. 순다 열도
13. 마드린 소나무 전나무 숲
14. 뉴칼레도니아 섬
15. 뉴질랜드
16. 필리핀
17. 동아프리카의 해안 숲
18. 서부 아프리카의 숲
19. 히말라야
20. 아프리카 동부 산악 지대
21. 중앙아시아 산악 지대
22. 윌리시아
23. 케이프 식물 보호 지구
24. 폴리네시아 / 미크로네시아
25. 중앙아메리카 우림지대
26. 적도 부근의 안데스 산맥
27. 서고츠 산맥과 스리랑카
28. 이란과 아나톨리아의 사막
29. 일본
30. 마푸탈란드–폰돌란드–올버니
31. 캘리포니아 식생 지역
32. 툼베스–초코–마그달레나 지역
33. 서큘런트 카루 바이옴
34. 대서양 연안의 브라질 열대 우림

	현존 생물 종	멸종 위기 생물 종 (생물 종 수와 %)	
척추동물	61,259	5,966	(10 %)
포유류	5,488	1,141	(21 %)
조류	9,990	1,222	(12 %)
파충류	8,734	423	(5 %)
양서류	6,347	1,905	(30 %)
어류	30,700	1,275	(4 %)
무척추동물	1,232,384	2,496	(0.2 %)
곤충류	950,000	626	(0.06 %)
연체동물	81,000	978	(1.2 %)
갑각류	40,000	606	(1.5 %)
기타	161,384	286	(0.2 %)
합계	1,293,643	8,462	(0.65 %)

출처: 국제자연보호연맹(IUCN), 2008년

레드 리스트

포유류, 어류, 곤충류 등 전 세계에서 사라져
가는 생물 종의 수가 점점 더 늘고 있어요.
국제자연보호연맹에서는 해마다 **멸종 위기**에 처한
종들을 정리한 '레드 리스트'를 출간하고 있어요.
그런데 최근의 숫자를 보면 걱정스러워요. 조류 8종
중 1종, 포유류 5종 중 1종, 양서류 3종 중 1종이 멸종
위기에 처해 있거든요.

출처: 컨서베이션 인터내셔널 (Conservation International: CI), 2005년

감소하는 생물 다양성

'**살아 있는 지구 지수**(Living Planet
Index, LPI)'는 세계의 생물 다양성을
통해 생태계의 건강 상태를 나타내요.
전 세계의 육지나 물속에서 사는
척추동물 3천600종 이상을 관찰해서
이 지수를 계산하는데, 살아 있는
지구 지수는 1970년과 2000년 사이에
30%가 줄어들었어요. 척추동물은
코끼리, 도마뱀, 고래같이 뼈대, 즉
척추가 있는 동물을 말해요.

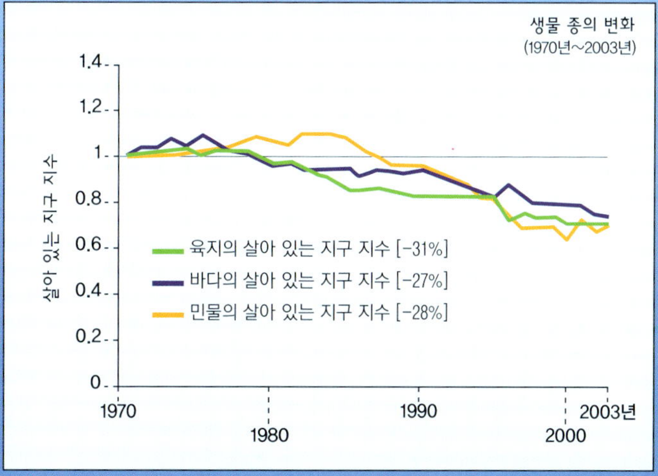

이상하게도 벌의 수가 감소하고 있어요. 살충제
때문이라고 하는 사람들도 있고, 밝혀지지 않은 어떤
질병 때문이라고 하는 사람들도 있어요. 꽃가루받이를
하는 이 귀한 벌들이 없으면 수많은 식물 종이 사라질
수 있답니다.

[전 세계 5백만 ~ 3천만 종의 생물
가운데 이름이 붙여진 것은
180만 종이
조금 넘어요.]

동식물의 암거래는 일부 생물 종을 멸종시킨 여러
원인 중 하나예요. 암거래는 불법이랍니다.

[생물 **3종 중 2종**이
1시간마다 지구에서
사라지고 있어요.]

쌓이고 쌓이는 쓰레기

우리는 갈수록 더욱더 다양한 쓰레기를 버리고 있어요. 포장지, 낡은 가전제품, 공장에서 쓰던 금속이나 유독 물질 등. 쓰레기의 양은 좀처럼 줄어들지 않고 있어요. 이는 수많은 나라들이 서구적인 소비 방식을 받아들이고 있기 때문이에요. 우리가 금방 쓰고 버리는 과대 포장재들은 플라스틱같이 자연 상태에서 잘 분해되지 않는 물질이에요.

쓰레기는 1년에 **25억 톤**이 수거되는데, 곡물은 1년에 20억 톤이 생산된답니다!

유해 폐기물 협약

폐기물의 불법 거래

1980년대 서양 국가들은 폐기물 처리와 관련된 엄격한 법을 제정했어요. **유해 폐기물**은 환경에 더 이상 해가 되지 않도록 처리해야 한다는 것이지요. 그런 처리를 하려면 비용이 많이 들기 때문에 많은 기업들은 이런 법이 없는 나라, 특히 아프리카로 폐기물을 가져다 버리려 했어요. 물의를 일으킨 남반구 국가로의 폐기물 이송은 결국 **제재를 받았어요.** 또 다른 불법 거래는 동유럽 쪽으로 이뤄졌어요.

폐기물에 관한 협약들

여러 나라가 조인한 이 협약들에 따라 폐기물은 더 이상 마음대로 유통될 수 없어요. **바젤 협약**은 유해 폐기물의 종류를 규정하고 있어요. 이 협약은 유해 폐기물을 나라 밖으로 이동시킬 때 그 국경을 지나는 나라에 미리 알릴 것을 요구해요. 폐기물은 통과할 국가의 허락이 없고, 그 나라가 폐기물을 처리할 수 있는 공장, 기술, 인력을 가지고 있지 않다면, 그 나라에 들어갈 수 없어요. 협약에 조인한 각 나라는 그 외에도 폐기물의 입출국을 다른 나라들에게 알리고, 폐기물 처리를 위해 한 일에 대해서도 알려야 해요.

우리의 쓰레기통에는

숲을 개간하는 농업과 각종 산업은 쓰레기를 가장 많이 만들어 내는 두 가지 경제 분야예요.
경제협력개발기구(OECD)라고 불리는 단체에 속하는 30개 산업 국가의 폐기물 절반가량이
이 두 분야에서 나온 거예요. 도시 폐기물은 네 번째 자리를 차지해요. 가정에서 나오는
쓰레기는 4년 전부터 30% 증가하여 2008년에는 24억 톤에 달했어요.

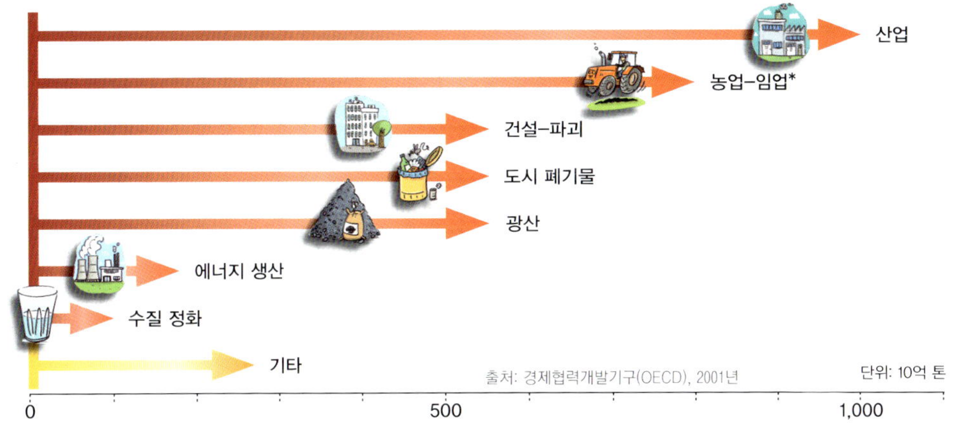

❶ **아제르바이잔의 숨가이트**: 석유 화학, 산업 단지

❷ **중국의 린펀**: 자동차와 산업 배출 가스

❸ **중국의 톈진**: 광산과 제철 공업

❹ **인도의 수킨다**: 크롬 광산

❺ **인도의 바피**: 산업 단지

❻ **페루의 라오로야**: 중금속 광산

❼ **러시아의 제르진스크**: 화학 무기의 옛 생산지

❽ **러시아의 노릴스크**: 니켈과 여러 금속 광산

❾ **우크라이나의 체르노빌**: 1986년 방사능 유출 사고

❿ **잠비아의 카브웨**: 납 광산

출처: 미국의 블랙스미스연구소, 2007년

위험에 처한 사람들

지구에서 가장 오염이 심한
10곳은 7개국에 위치하고
있어요. 1천200만 명의
사람들이 피해를 입고 있지요.
이곳에 사는 사람들은 오염된
물을 마시거나, 오염된 땅에서
농사를 지으면서 병에 걸려
고통 받고 있어요. 예를
들어 납으로 인한 오염은
어린이들에게 뇌의 기형과
성장 장애를 일으켜요.

나라마다 쓰레기를 처리하는 방법이 달라요. 미국과
오스트레일리아는 땅이 넓어서 쓰레기의 60% 이상을 땅에
묻어요. 일본이나 덴마크는 처리할 땅이 없어서 소각하는
방법을 더 많이 쓰지요.

유럽에서는 해마다

800만~900만 대의

자동차가 폐차되어요.

개발 도상국의 대도시에서는 대부분 쓰레기 문제가
심각해요. 빈민가 주변에 쓰레기가 쌓이면 가난한 사람들이
와서 쓰레기를 뒤져 입을 것과 먹을 것을 찾아요.

力加表
精密防水
钟表商店
冠心药房
恬尔心
欣欣乐园
上海中联百货
优质名牌 舒而挺衬衫
不乱扔垃圾
不乱穿马路

[사 람]

현재의 인류는 그 어느 때보다 건강한 삶을 누리고 있어요.

과거에 비해 인류의 평균 수명은 훨씬 늘어났고, 출산 때 산모와

아기들이 목숨을 잃는 일도 거의 찾아보기 힘들어졌어요.

과거에 많은 사람들의 목숨을 잇아 갔던 전염병도 의학의 발달로 이제는

모두 퇴치할 수 있어요. 이러한 위험들로부터 인류는 안전해졌지만

그렇다고 모든 것이 좋아진 것만은 아니에요.

세계의 불평등 문제가 날로 심각해지고 있으니까요. 부자들은 더욱더

부유해지고, 가난한 사람들은 더욱더 가난해지고 있답니다.

인구가 넘쳐 나는 도시에서는 수돗물이 부족하고, 하수도 시설도 없는

빈민가는 점점 늘어나고 있어요.

도시로 몰려드는 사람들

전 세계 인구는 점점 더 증가하고 있어요. 2007년에는 65억 명이었고, 2050년에는 90억 명이 넘을 것으로 예상하고 있어요. 그러나 이런 증가는 상당히 불균형적으로 이뤄질 거예요. 아프리카나 아시아 몇몇 나라의 인구는 두 배가 될 것이지만 유럽이나 일본 같은 곳에서는 인구가 줄어들 거예요. 동시에 시골은 도시화될 거예요. 취업, 질병 치료나 교육을 위해 사람들은 점점 더 시골에서 대도시로 이동할 것이거든요. 이런 현상을 '이농'이라고 해요. 시골에서 사는 사람들이 가난에서 벗어나 도시에서 더 나은 생활 터전을 마련하려는 것이지요. 개발 도상국에서 특히 이런 현상이 심해요.

세계 인구 증가

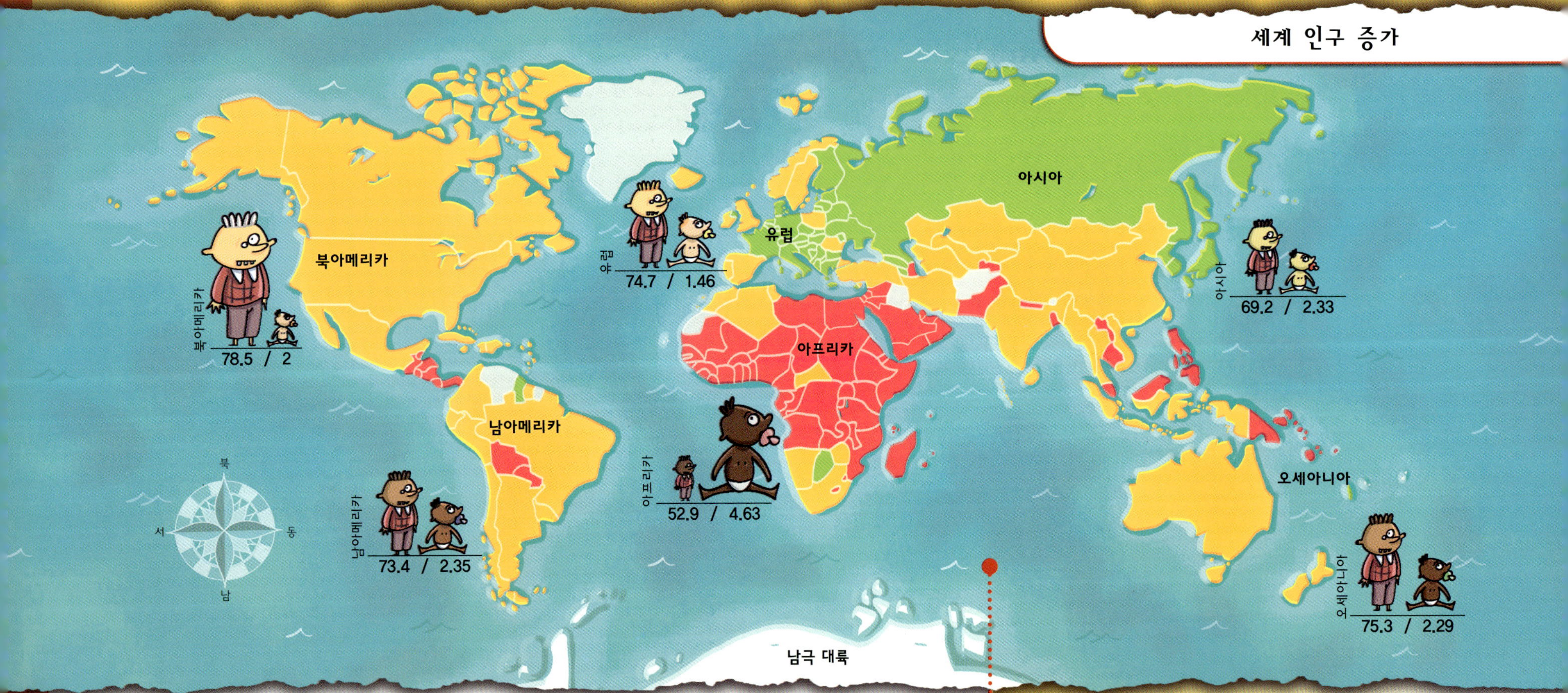

인구가 더 늘고 더 오래 살아요

50년 전에는 **평균 수명**이 46세였어요. 요즘은 67세이지요. 의학, 백신, 위생과 식품의 발전 덕분에 모든 나라의 사람들은 더 오래 살게 되었어요. 또한 여성들은 점점 더 아기를 적게 낳아요. 200년 전에는 여성들이 평균 5~6명의 자녀를 낳았지만 오늘날에는 평균 2~3명의 자녀를 낳아요. 따라서 한 부부는 평균 2명 이상의 자녀를 **낳지요.** 사람들의 평균 수명은 늘어나고 아직도 꾸준히 자녀를 낳고 있기 때문에 인구가 계속 증가하는 것이랍니다.

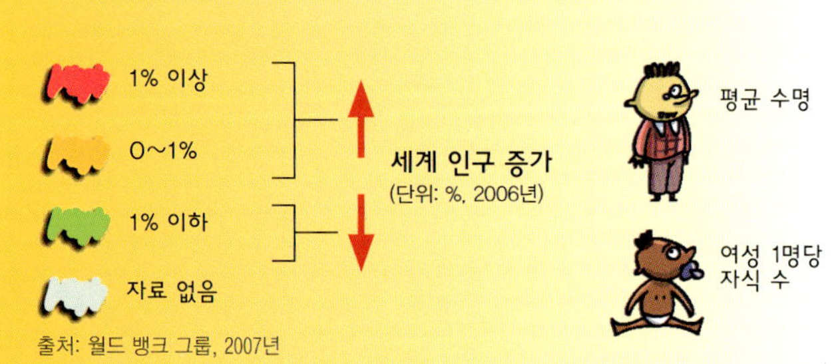

인구 밀도와 도시화*

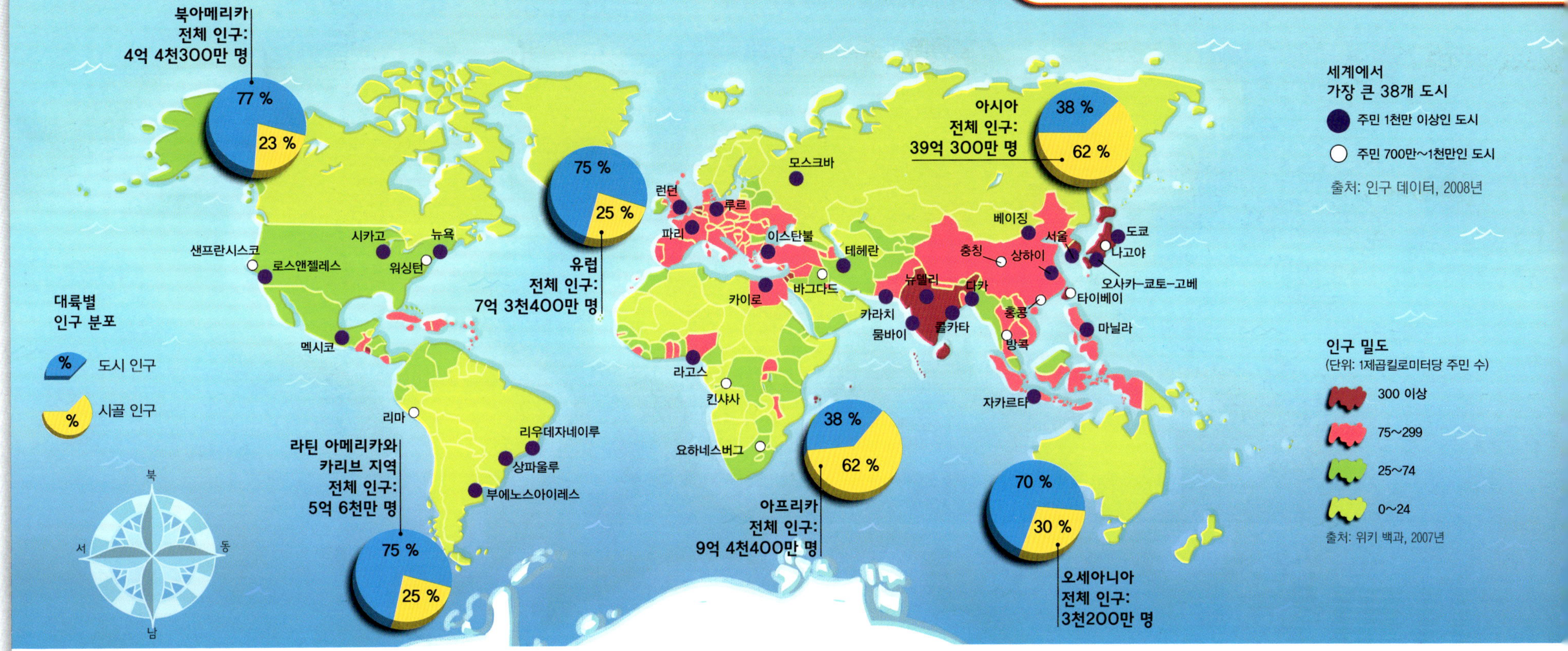

북아메리카
전체 인구:
4억 4천300만 명
77 %
23 %
유럽
전체 인구:
7억 3천400만 명
75 %
25 %
아시아
전체 인구:
39억 300만 명
38 %
62 %
라틴 아메리카와
카리브 지역
전체 인구:
5억 6천만 명
75 %
25 %
아프리카
전체 인구:
9억 4천400만 명
38 %
62 %
오세아니아
전체 인구:
3천200만 명
70 %
30 %
세계에서
가장 큰 38개 도시
주민 1천만 이상인 도시
주민 700만~1천만인 도시
출처: 인구 데이터, 2008년
대륙별
인구 분포
도시 인구
시골 인구
인구 밀도
(단위: 1제곱킬로미터당 주민 수)
300 이상
75~299
25~74
0~24
출처: 위키 백과, 2007년
샌프란시스코
로스앤젤레스
시카고
뉴욕
워싱턴
멕시코
리마
리우데자네이루
상파울루
부에노스아이레스
런던
파리
루르
모스크바
이스탄불
테헤란
바그다드
카이로
라고스
킨샤사
요하네스버그
카라치
뭄바이
뉴델리
다카
콜카타
베이징
서울
충칭
상하이
도쿄
나고야
오사카-코토-고베
타이베이
홍콩
방콕
마닐라
자카르타
북
남
동
서

점점 더 많아지는 도시인들

2008년부터 인류 역사상 처음으로 시골에서 사는 사람보다 도시에서 사는 사람의 수가 많아졌어요. 북아메리카, 유럽과 라틴 아메리카는 벌써 오래전부터 그랬지만요. 세계의 다른 곳에서도 이런 현상이 확대되었어요. 오늘날 도시의 인구는 부유한 나라에서보다 가난한 나라에서 훨씬 더 빨리 증가하고 있어요.

인구가 1천만 명이 넘는 **메갈로폴리스(거대 도시)**는 대부분 개발 도상국에 있어요. 불행히도 이런 메갈로폴리스의 주민 3명 중 1명은 허술하게 만든 집들이 모여 있는 **빈민가**에서 살아요. 빈민가에는 전기도, 물도, 전화도, 학교도, 교통수단도 없답니다.

인구 증가가 안정되고 있어요

2050년에는 1950년보다 인구가 거의 4배 증가할 거예요. 지구 상에서 평균 1초마다 4명이 태어나고 2명이 죽어요. 1초마다 인구가 2명이 증가하는 셈이지요. 그러나 이런 증가는 1970년대부터 둔화되고 있어요. 여성들이 전보다 아이를 덜 낳기 때문이에요. 그 결과 해마다 인구 증가 폭이 조금씩 줄어들고 있어요. 전 세계 인구는 점점 안정되다가 2150년대가 되면 더 이상 증가하지 않을 거예요.

1950년~2050년의 세계 인구 변화

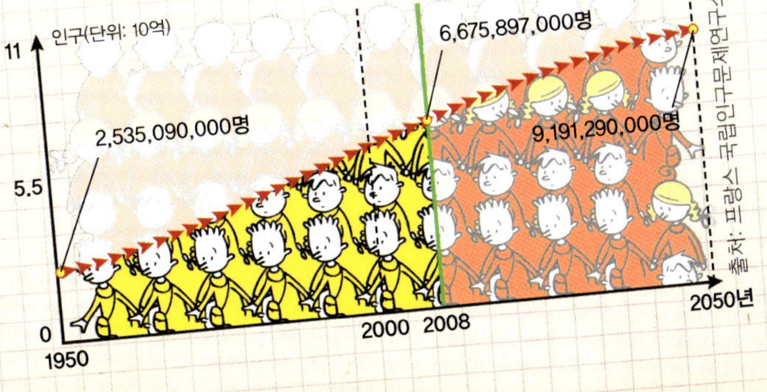

인구(단위: 10억)
11
5.5
0
1950
2000
2008
2050년
2,535,090,000명
6,675,897,000명
9,191,290,000명
출처: 프랑스 국립인구문제연구소(INED)

1950년, 전 세계에서 인구가 **1천만** 명이 넘는 도시는 뉴욕뿐이었어요.

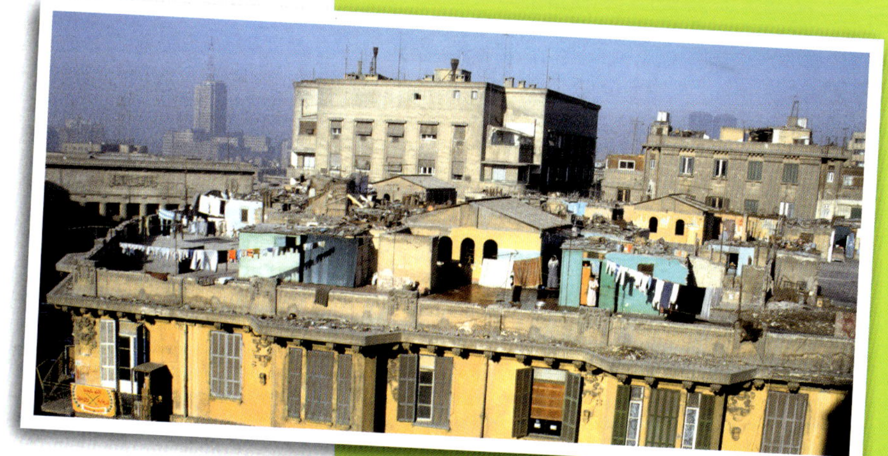

남반구의 많은 국가가 그렇듯이 이집트도 심한 이농 현상을 겪고 있어요. 도시에 새로운 터전을 마련하기 위해 사람들은 건물의 지붕 위에 집을 지어 공중에도 빈민가를 만들었어요.

무역의 세계화

1945년부터 세계 무역 시장이 점차 자리를 잡았어요. 운송 방식이 발전함에 따라 오늘날에는 지구 반대편으로도 상품을 빨리 보낼 수 있게 되었어요. 유럽은 중국에서 옷과 전자 재료를 수입하고, 중국은 미국에서 비행기와 의약품을 수입해요. 브라질은 전 세계로 커피를 수출하지요. 그러나 이런 무역의 세계화 때문에 환경이 오염되고 있어요. 공해, 에너지 소비, 지구 온난화를 일으키는 가스 배출, 도로 건설을 위한 농지 파괴 등이 그 예이지요.

전 세계 무역은 **150년** 만에 **1천 배**가 되었어요.

세계의 상품 교역

독립국가연합(CIS) ↔ 유럽
3천880억 달러
3.3%

아시아 ↔ 북아메리카
1조 220억 달러
8.8%

800억 달러
0.7%

3조 6천510억 달러
31.4%

서아시아 ↔ 아시아
4천510억 달러
3.9%

9천50억 달러
7.8%

북아메리카 ↔ 유럽
7천90억 달러
6.1%

720억 달러
0.6%

남아메리카와 중앙아메리카 ↔ 북아메리카
2천420억 달러
2.1%

아프리카 ↔ 유럽
2천680억 달러
2.3%

330억 달러
0.3%

1조 6천360억 달러
14.1%

1천110억 달러
1.0%

유럽 ↔ 아시아
9천700억 달러
8.3%

상품의 세계 무역
(단위: 달러)

한 지역 내에서의 교역

지역들 간의 교역

출처: 세계무역기구(WTO), 2006년

무역의 성격

상품 : 81%
(60억 달러)

서비스 : 19 %
(15억 달러)

출처: 세계무역기구(WTO), 2001년

부유한 나라들 간의 무역

점점 더 많은 물건들이 전 세계에서 교환되고 있어요. 물건을 들여와 사는 나라들을 **수입국**이라고 해요. 물건를 생산하여 구매자들에게 보내는 나라들을 **수출국**이라고 하지요. 그러나 세계의 몇몇 국가는 외부와 무역을 별로 하지 않아요. 아프리카, 남아메리카, 서아시아와 동유럽 등이 그렇지요. 이곳의 나라들이 다이아몬드, 석유나 금속 등의 팔 수 있는 자원을 가지고 있다 하더라도 이런 자원의 교역은 대개 부유한 나라의 대기업들이 관리해요.

세계 5대 수출국
(2006년도 세계 시장 점유율)

1위 • 독일 : 9.2%
2위 • 미국 : 8.6%
3위 • 중국 : 8%
4위 • 일본 : 5.4%
5위 • 프랑스 : 4.1%

세계 5대 수입국
(2006년도 세계 시장 점유율)

1위 • 미국 : 15.5%
2위 • 독일 : 7.3%
3위 • 중국 : 6.4%
4위 • 영국 : 5%
5위 • 일본 : 4.7%

서로 무엇을 사고 파나요?

나라마다 주요 생산품이 있어요

각 나라는 여러 가지 다른 생산물을 교역할 수 있어요. 그 생산물이 **원료**(철, 석유 등)일 수도 있고, 농축산물(밀, 가금류 등)일 수도 있어요. 또 어떤 나라들은 많은 산업 시설을 갖추고 있어서 원료를 사용하여 물건을 만들어 내지요. 이렇게 만들어진 신발이나 전화기 같은 물건을 **공산품***이라고 해요. 마지막으로 어떤 나라들은 **서비스**를 판매해요. 서비스는 '정신적인' 일이에요. 관광 코스 개발, 다리의 내구성 연구나 정보 검색 등이 바로 서비스에 해당하는 일이지요.

딸기 요구르트의 여행

딸기 요구르트가 독일 소비자의 냉장고에 도착하려면 약 9천 킬로미터를 거쳐야 해요. 이 숫자는 딸기 요구르트에 들어가는 모든 재료의 이동 거리를 계산한 것이지요. 요구르트 병을 만드는 데 쓰이는 유리, 5천 곳도 넘는 농장에서 받은 우유, 폴란드에서 수확한 딸기, 설탕, 우유 발효를 위한 유산균, 알루미늄 뚜껑, 포장지, 상표 등이 이동하는 거리 말이에요.

약 **2억 대**의 트럭이 매일 땅 위를 돌아다니고 있어요.

세계 무역의 4분의 3이 바닷길을 이용해요. 운송품 1톤당 가장 오염이 적은 운송 방법이기도 하지요. 그렇지만 불행히도 우리는 너무 많은 상품을 지구의 한쪽 끝에서 다른 쪽 끝으로 운반하고 있어요. 2050년이 되면 운송 과정에서 나오는 이산화탄소 양이 현재의 약 두 배가 될 거예요.

늘어만 가는 교통수단

자동차와 비행기가 점점 더 많아지고 있어요.
부유한 나라에서는 이동 수단으로 거의 대부분 자동차와 비행기를 사용해요. 장 볼 때, 학교 갈 때, 출근할 때, 휴가 갈 때나 세계 다른 나라에서 사업을 할 때 등등. 이런 여행을 할 때는 휘발유나 경유, 등유를 사용해요. 그런데 이것들은 공해를 일으키고 이산화탄소를 배출해요. 이산화탄소는 지구 온난화를 일으키지요. 교통수단에서 비롯된 공해를 줄이기 위해서는 개인용 자동차 대신 기차나 버스, 지하철 등 대중교통을 이용하고 자전거를 타거나 걸어 다녀야 해요. 또 목적지가 같을 때에는 한 대의 승용차에 여러 사람이 함께 타는 것도 좋아요.

자동차는 누가 만들고 누가 사나요?

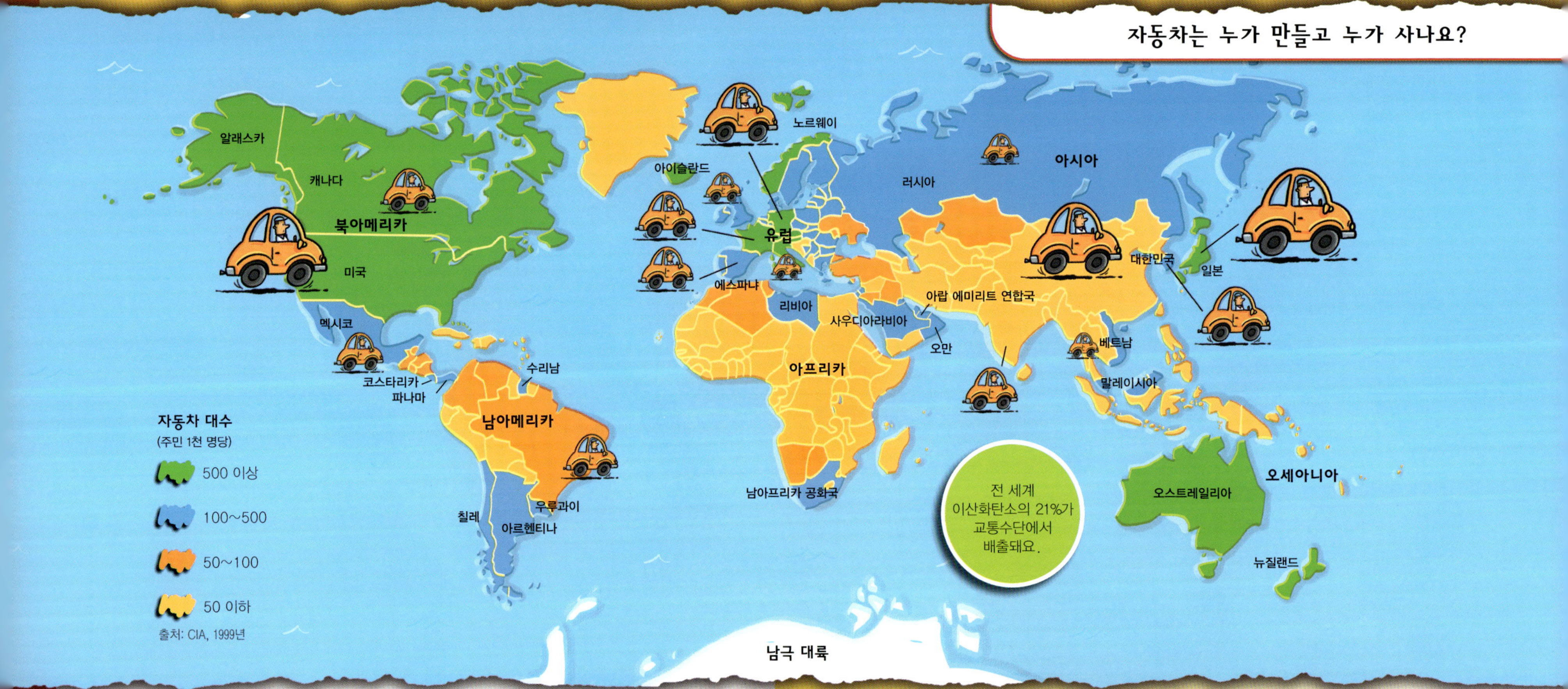

자동차가 주인이에요

모든 나라에서 한 가족당 자동차 대수가 증가하고 있어요. **자동차를 두 대 이상** 가지고 있는 가정이 많고, 이미 설비가 잘 갖추어진 나라들에서는 자동차 대수가 증가했어요. 미국에서는 인구 4명당 자동차가 평균 3대예요. 개발 도상국에서는 자동차를 특권층의 전유물로 여기지만 자동차의 사용이 급속하게 일반화되고 있어요. 중국과 인도는 최근 20년 동안 국민 1인당 자동차 수가 **3배로 늘었어요.**

15대 자동차 생산국 (생산된 자동차 수)

순위	국가	대수
1위	일본	11,596,327대
2위	미국	10,780,729대
3위	중국	8,882,456대
4위	독일	6,213,460대
5위	대한민국	4,086,308대
6위	프랑스	3,015,854대
7위	브라질	2,970,818대
8위	스페인	2,889,703대
9위	캐나다	2,578,238대
10위	인도	2,306,768대
11위	멕시코	2,095,245대
12위	영국	1,750,253대
13위	러시아	1,660,120대
14위	타이	1,287,346대
15위	이탈리아	1,284,312대

출처: 국제자동차제조사연맹, 2007년

항공 운항의 급성장

비행기를 타는 사람들이 흔해졌고, 점점 더 많은 물품을 비행기로 운송하고 있어요. 그 결과 항공 운송이 급증했어요. 항공 운송은 비행기를 탑승한 모든 승객의 이동 거리를 합산해서 계산해요. 1960년과 2006년 사이에 승객 운송 거리 합산이 30배가 되어 4조 킬로미터에 달했어요. 실제로 더 많은 사람들이 여행할수록 여행 거리는 점점 더 길어져요. 그런데 항공 승객의 3분의 1은 미국인이에요. 미국은 아주 넓어서 많은 사람들이 비행기로 이동하거든요.

2008년, 석유 가격의 급등과 경제 위기로 인해 많은 항공사의 운행량이 일시적으로 줄어들었어요. 하지만 세계 항공 교통은 해마다 늘어나고 있어요. 앞으로 20년 후엔 지금의 3배가 될 거예요.

전 세계에서 1분마다
144대의 차가
생산되고 있어요.

철도 운송의 세계

철도는 곳곳에 놓여 있지만 골고루 분포되어 있지는 않아요. 아프리카 대부분의 나라들에는 철도가 아주 조금 놓여 있고 상태도 나쁜 경우가 많아요. 브라질, 아르헨티나, 이란과 북아프리카의 몇몇 국가들 같은 개발 도상국은 제대로 된 철도망을 갖추고 있지만 대도시 주변을 제외하고는 드물어요. 산업화된 나라들에서는 철도망이 국토 전역에 놓여 있지만 때때로 대도시들에만 정차해요. 프랑스에서는 기차의 소도시 정차가 점점 줄어들고 있답니다.

2007년에 처음으로 유럽의 여러 나라들과 미국의 운전자들은 휘발유 가격이 오르자 한 해 동안 운행 거리를 줄였어요.

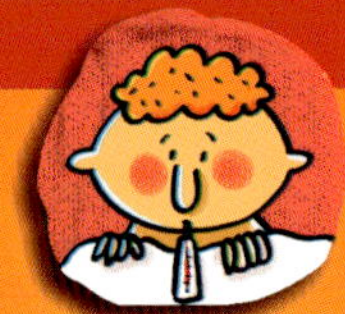

사람들의 건강

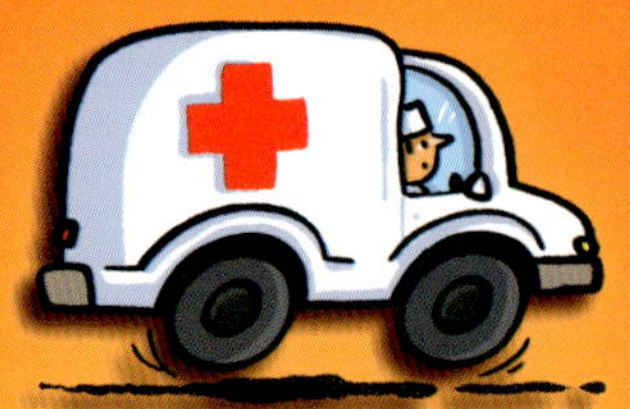

사람들이 좀 더 위생적인 환경에서 생활한다면 전 세계 질병의 4분의 1과 해마다 생기는 1천3백만 명의 사망자를 줄일 수 있을지도 몰라요.
오염된 물을 마시고, 불결한 곳에서 살고, 씻지 못하고, 공장에서 내뿜거나 집에서 발생하는 유독 물질에 오염된 공기를 마시는 등, 이 모든 것들은 질병의 원인이 돼요. 안 좋은 환경은 암이나 천식을 일으키고 체중 변화나 스트레스를 받게 해요. 잠을 자거나 아기를 갖는 데 문제를 일으킬 수도 있답니다.

해마다
170만 명이
설사로 목숨을 잃어요.

남반구와 북반구의 불균형

남반구의 여러 나라들은 더러운 손이나 물 때문에 전염되는 설사로 큰 피해를 입어요. 모기들이 전염시키는 질병인 **말라리아**도 마찬가지예요. 대기 오염이 호흡기 질환을 일으키고요. 집에서, 직장에서, 도로에서, 각종 **사고**가 빈번하게 일어나지요. 흡연과 심각한 공해는 암에 걸리는 원인이에요. 가난한 나라와 부유한 나라의 가장 큰 차이는 가난한 나라에서는 대부분 이런 환경 때문에 질병에 **걸리기 쉽다**는 점이에요.

10대 환경 질환

1위 · 설사
2위 · 호흡기 전염병
3위 · 노동 재해(산업 재해, 방사능 노출 등)
4위 · 말라리아
5위 · 교통사고
6위 · 만성 폐질환
7위 · 선천성 장애, 조산
8위 · 심장 질환
9위 · 소아 질환
10위 · 납 중독으로 인한 정신 지체

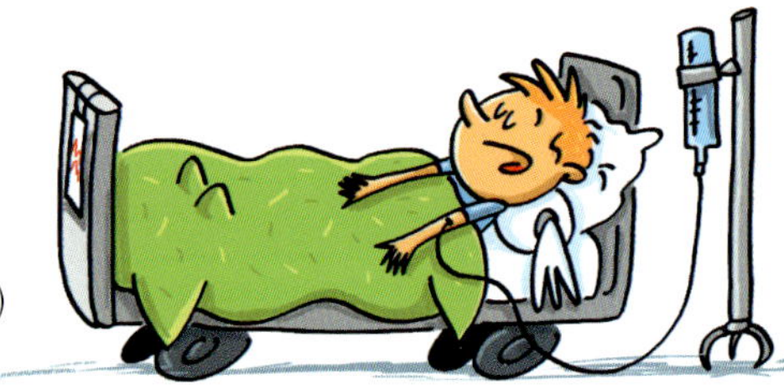

출처: 세계보건기구(WHO), 2006년

전 세계 보건 상태와 환경

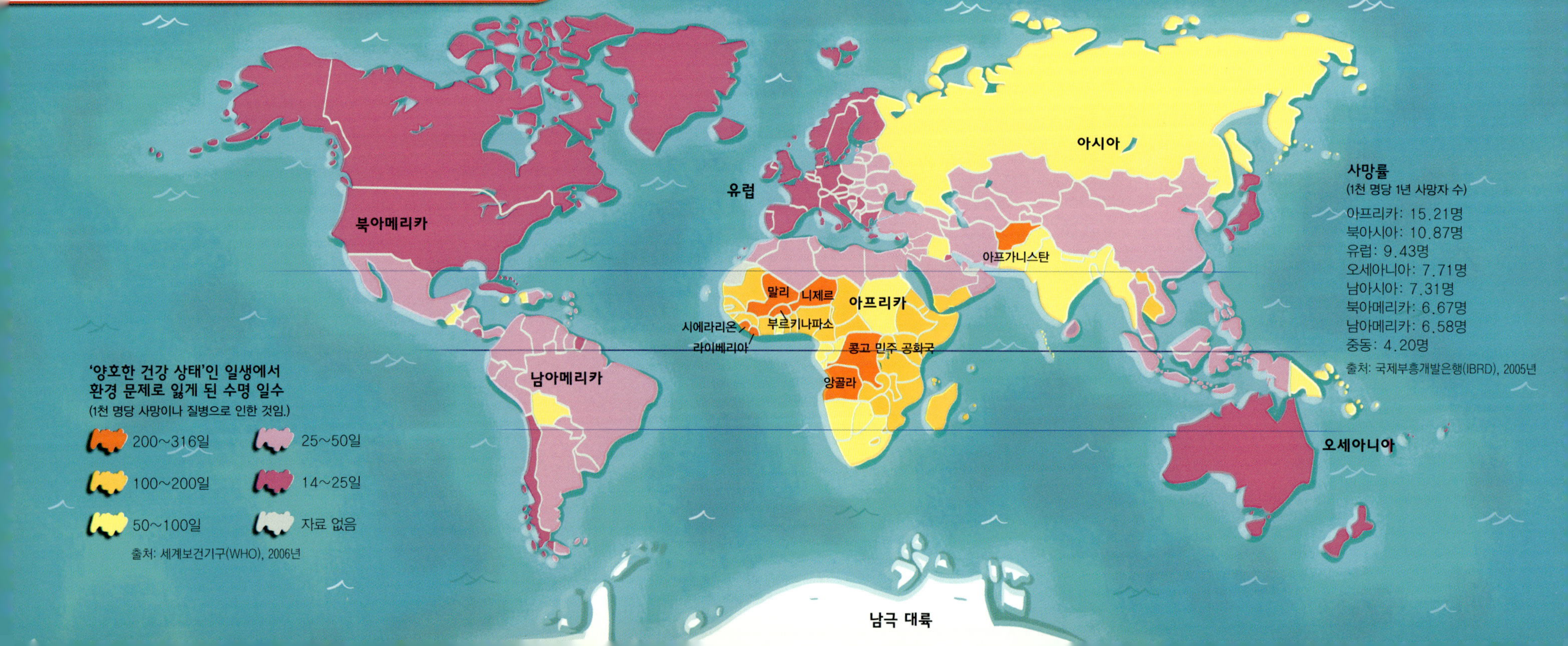

북아메리카
유럽
아시아
아프가니스탄
말리
니제르
아프리카
시에라리온
부르키나파소
라이베리아
콩고 민주 공화국
앙골라
남아메리카
오세아니아
남극 대륙
'양호한 건강 상태'인 일생에서 환경 문제로 잃게 된 수명 일수
(1천 명당 사망이나 질병으로 인한 것임.)
200~316일
25~50일
100~200일
14~25일
50~100일
자료 없음
출처: 세계보건기구(WHO), 2006년
사망률
(1천 명당 1년 사망자 수)
아프리카: 15.21명
북아시아: 10.87명
유럽: 9.43명
오세아니아: 7.71명
남아시아: 7.31명
북아메리카: 6.67명
남아메리카: 6.58명
중동: 4.20명
출처: 국제부흥개발은행(IBRD), 2005년

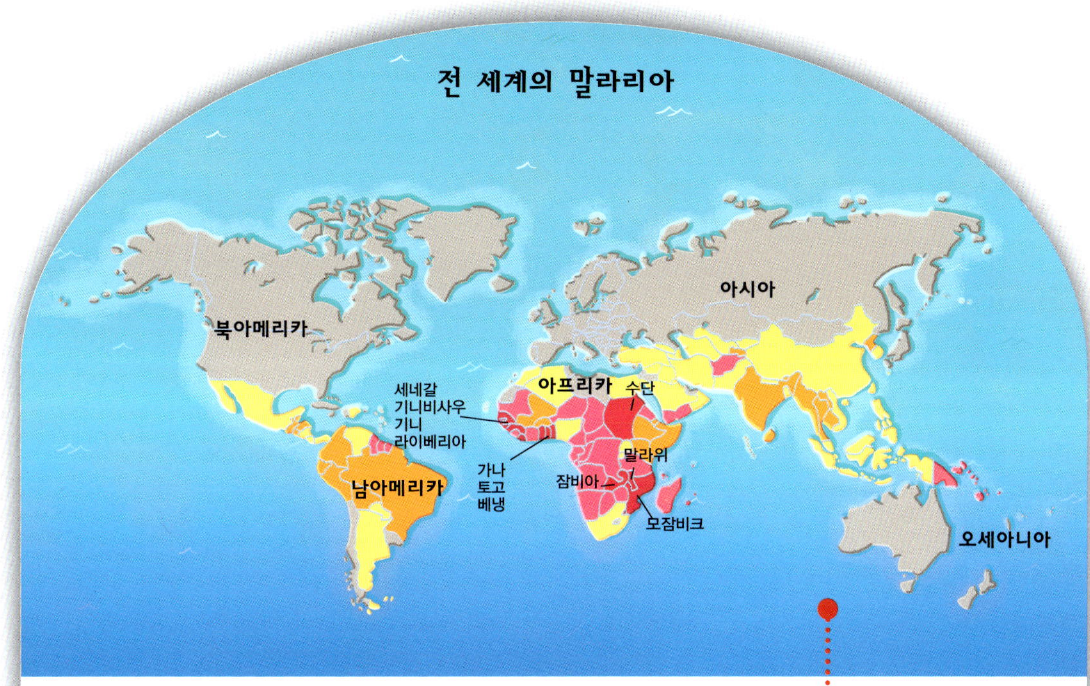

아이들을 죽이는 말라리아

말라리아는 전 세계에서 어린이 사망자를 가장 많이 내는 질병이에요. 말라리아에 걸린 사람을 물었던 **모기**가 다른 사람을 물 때 작은 기생충이 핏속으로 들어가 생기는 병이에요. 이 병에 걸리면 열이 나고 오한을 느끼며 머리가 아프고 심한 피로감과 함께 구토를 해요. 말라리아는 유럽에서 1950년까지 아주 많이 유행했어요. 그러나 살충제와 모기약으로 모기를 잡고 의학의 발달로 치료법이 생긴 덕분에 말라리아는 많은 지역에서 사라졌어요. 하지만 이런 방법을 쓸 수 없는 나라들은 여전히 말라리아가 유행을 해요. 말라리아로 사람들이 해마다 100만 명이 죽는데, 이들 대부분(90%)이 아프리카 사람들이지요.

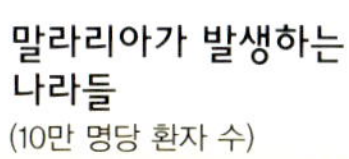

기아가 상황을 더 악화시켜요

영양실조는 음식의 1일 섭취량을 채우지 못하면 걸려요. 그러나 충분히 먹더라도 어떤 한 영양소(비타민, 미네랄, 소금 등)가 부족하면 면역 체계가 약해져서 금방 병에 걸릴 수 있어요. 에이즈도 환자의 영양 상태가 좋을 때 더 잘 치료된다는 것이 밝혀졌어요. 따라서 **질병**과 세계의 **기아** 문제는 떼려야 뗄 수 없는 관계에 있답니다.

영양실조에 걸린 인구
(전체 인구의 %)

지역	%
라틴 아메리카와 카리브 지역	10 %
서아프리카	16 %
중앙아프리카	55 %
북아프리카	4 %
남아프리카	40 %
동아프리카	40 %
아시아 태평양 지역	16 %
서아시아	13 %
개발 도상국	17 %

출처: 국제식량기구(FAQ), 2005년

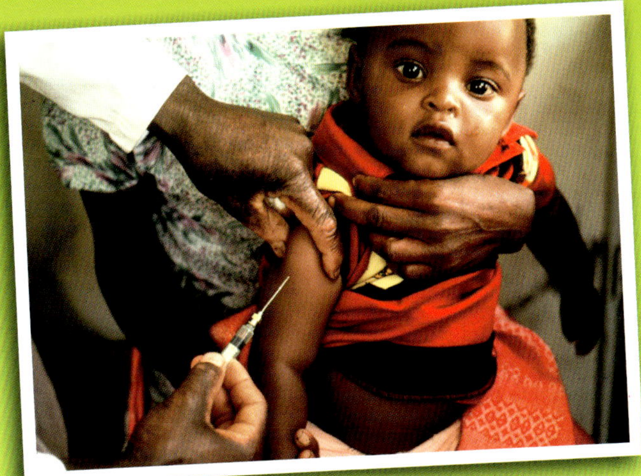

전 세계적으로 홍역 예방 접종 캠페인을 벌인 결과 홍역으로 죽는 사망자 수가 1999년과 2004년 사이에 거의 2배로 줄어들었어요. 특히 사하라 남부 아프리카 지역에서 가장 많이 줄어들었어요. 이 지역에서는 홍역으로 인한 환자와 사망자 수가 60%나 줄어든 것으로 추정되고 있어요.

대기 오염 때문에
해마다 **240만 명**이
젊은 나이에 목숨을 잃는답니다.

에이즈는 에이즈 환자의 피를 수혈 받거나 환자와 성관계를 가졌을 때 걸리는 불치병이에요. 전 세계에서 해마다 3백만 명이 이 병으로 사망해요. 예방에 노력을 기울인 덕분에 환자 수는 조금씩 줄어들기 시작했어요.

[어린이의 건강]

어린이는 약한 존재예요. 한창 자라는 중이고 신체 기관도 어른보다 약해서 질병, 전염병*, 공해나 전쟁의 첫 번째 희생자가 되기 쉬워요. 따라서 어린이의 건강 상태는 전 세계의 건강 상태를 보여 주지요. 또한 어린이는 세계의 미래를 대표하기도 해요. 미래의 세상을 이끌어 가는 주역이 바로 어린이들이니까요. 어린이들은 최우선적으로 보호해야 하고 교육시켜야 할 의무가 있답니다.

전 세계에서 어린이
6명중 **1명**은
일을 해야 해요.

유아 사망률*과 영양 결핍*

태어날 때부터 겪는 불평등

마시고 씻을 물, 약, 음식이 부족하고 안전하지 못한 몇몇 나라에서 태어나 산다는 것은 힘든 일이에요. 아프리카에서는 10명의 아기 중 1명이 만 1세가 되기도 전에 사망해요. 아시아에서는 20명 중 1명이 사망해요. 한편 유럽 국가들에서는 100명 중 1명이 사망하지요. 대부분 사망의 원인은 상태가 좋지 않은 음식을 섭취하거나, 호흡기 질환, 설사, 홍역이나 말라리아 때문이랍니다.

유아 사망률
(신생아 1천 명에 대한 사망률)

100명 이상	10~19명
50~99명	10명 이하
20~49명	자료 없음

출처: 국제 부흥 개발 은행(IBRD), 2006년

만 15세 미만의 어린이
4천만 명이
학대와 폭력으로
고통 받고 있어요.

세계의 어린이들은 어디에 살고 있나요?

세계의 어린이 대부분은 개발 도상국이나 후진국에 살고 있어요. 후진국에서는 대부분의 아이들이
식수를 제대로 마시지 못하고, 기본적인 의료 혜택을 받지 못하고, 학교에도 다니지 못하고,
적절한 영양도 섭취하지 못해요. 서아프리카 시에라리온의 어린이는 독일이나 일본의 어린이보다
만 5세가 되기 전에 죽을 확률이 100배나 더 높답니다.

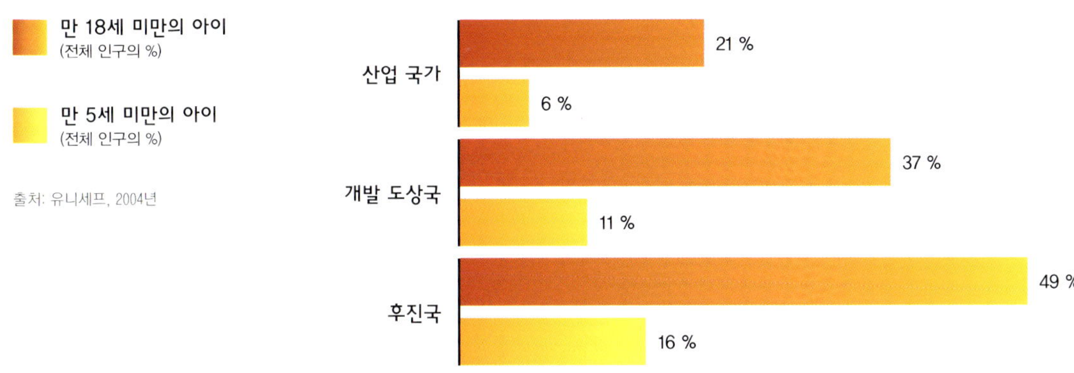

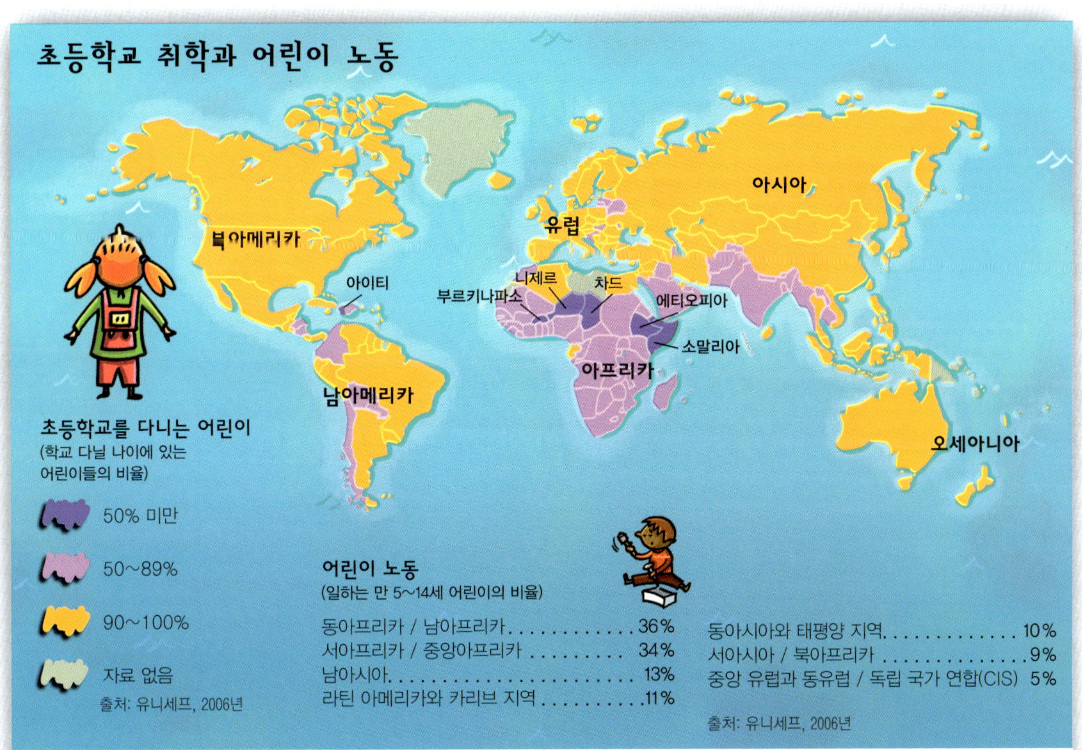

학교 교육을 위태롭게 만드는 노동

전 세계적으로 교육은 발전하고 있지만 각 나라 사이에는 교육의 심한 **불평등**이 존재해요.
유럽이나 아메리카에서는 90% 이상의 아이들이 학교에 가요. 그러나 아프리카 남부 사하라
지역과 남아시아에서는 학교에 다닐 나이에 있는 아이들의 30% 이상이 학교에 다니지 않아요.
남자아이들은 대개 공장에 다니거나 밭에서 일하고, 여자아이들은 집에서 일해요. 집이 아주
가난하거나 시골에 사는 아이들이 주로 이런 상황에 처해 있어요. 교육 시설을 더 많이 만들어
아이들을 학교에 보내는 것이 이러한 현실에 맞서 **싸우는** 최선의 방법이에요.

전 세계에는 약 30만 명의 어린이 군인이 있어요.
사진의 콜롬비아 어린이 군인처럼 내전이 일어나면
아이들은 강제로 전쟁터에 끌려 나가요. 이런
아이들은 납치되기도 하고, 더 이상 양육 능력이
없는 자기 가족의 손에 이끌려 팔려 가기도 해요.

전 세계에서 약 2억 1천8백만 명의 어린이가 일하고
있어요. 사진의 인도 소녀처럼 말이에요. 그중 4분의
3은 광산, 화학 물질과의 접촉, 조악한 기계 등 나쁜
조건에서 일하고 있어요. 설시 이 아이들이 가족의
수입에 기여한다 하더라도 노동으로부터 보호 받을
권리가 있어요.

전체 취학율이 높아지고 있지만 아직 나라 간
격차가 커요. 읽고 쓸 줄 모르는 어른의 75%가
방글라데시, 브라질, 중국, 인도나 나이지리아
같은 15개 나라에만 집중되어 있어요.

[물]

물은 생명체에게는 없어서는 안 될 중요한 자원이에요.
사람은 기후에 따라 하루에 2~10리터의 물을 마셔야 해요.
이외에 씻기도 하고, 가축에게도 주어야 하고, 농사짓는 데도
물을 써야 해요. 또한 대부분의 산업에서도 물을 사용해요.
그런데 우리가 쓸 수 있는 민물은 점점 귀해지고 있어요.
지구 대부분의 물(약 97%)은 짠 바닷물이고, 나머지 3분의
2는 빙하에 갇혀 있어요. 그런데 우리에게 필요한 강물과
지하수*는 점점 더 오염되고 있어요. 이런 상황은 인간뿐만
아니라 자연환경도 위험에 빠뜨리고 있어요.

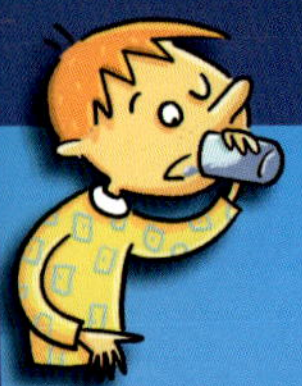

한정된 물의 양

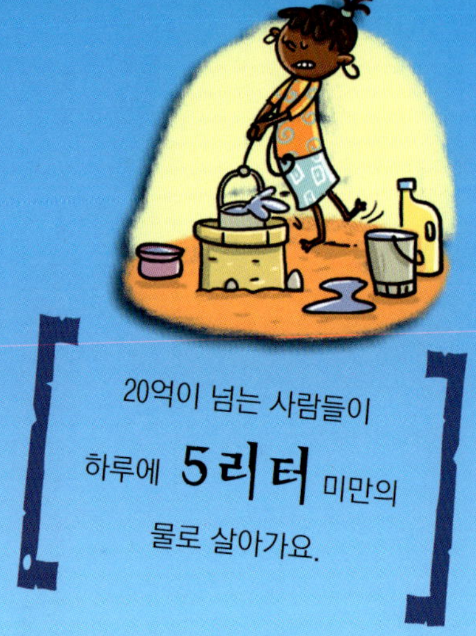

20억이 넘는 사람들이 하루에 **5리터** 미만의 물로 살아가요.

우리에게 민물은 점점 더 많이 필요해요. 그러나 지구가 가지고 있는 물은 한정되어 있어요. 다행히도 사용된 물은 다시 깨끗해져요. 물은 식물에게서 증발하고, 땀이나 소변으로 우리 몸에서 나가고, 세탁기에서 사용된 뒤 밖으로 버려져요. 그렇게 해서 많은 변화가 시작되지요. 물은 증발해서 구름이 됐다가, 비가 되어 내리고, 강이나 바다로 모여 땅으로 스며들어요. 사용된 물 한 방울이 지하수 층으로 다시 돌아가는 데는 평균 1천 년이 걸려요. 그 지하수 층의 물을 또 다시 퍼올려 사용할 거예요. 문제는 물이 다시 만들어지는 데 걸리는 시간보다 우리가 물을 써 버리는 시간이 더 빠르다는 점이에요.

사용할 수 있는 민물과 물 부족의 위험

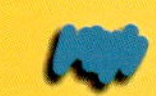

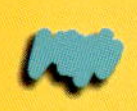

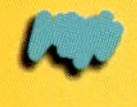

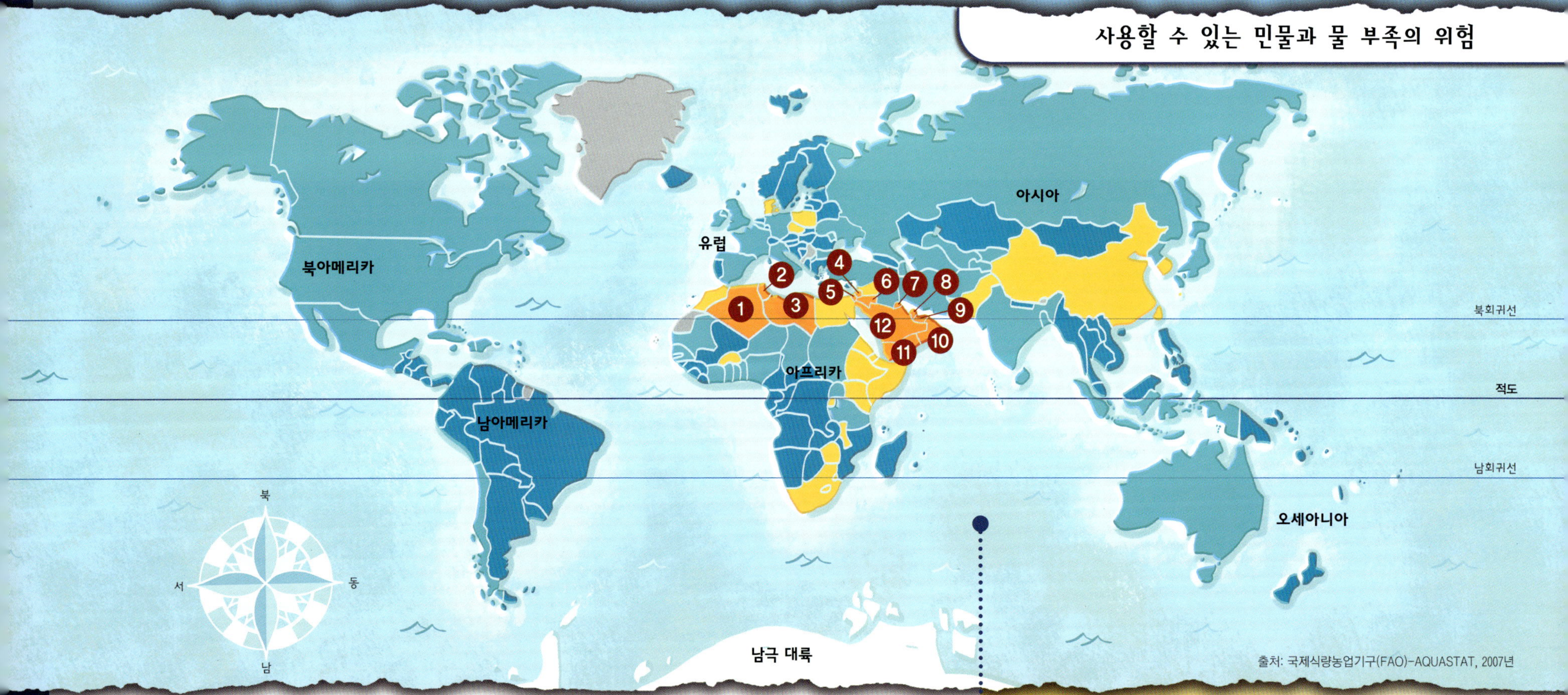

출처: 국제식량농업기구(FAO)-AQUASTAT, 2007년

사용할 수 있는 민물
(1년, 1인당 리터)

- 500만 이상
- 170만~50만
- 자료 없음
- 500만~170만
- 50만 이하

물 스트레스를 받는 나라들
1. 알제리
2. 튀니지
3. 리비아
4. 레바논
5. 이스라엘
6. 요르단
7. 쿠웨이트
8. 카타르
9. 아랍 에미리트 연합국
10. 오만
11. 예멘
12. 사우디아라비아

물 스트레스* 현상

민물은 전 세계에 **고르게 분포되어 있지 않아요.** 10개 이하의 나라들이 지구 전체 민물 저장량의 60%를 가지고 있어요. 다른 나라들은 심각한 물 부족을 겪고 있지요. 물에 대한 수요가 사용할 수 있는 물 자원보다 더 많아요. 마시고, 씻고, 먹을 것을 생산하는 등 인간답게 살기 위해서는 1년에 170만 리터의 물이 있어야 해요. 오늘날, 세계 인구의 4분의 1은 물 스트레스를 받고 있어요. 어떤 지역의 나라들은 물의 원천을 차지하기 위해 **분쟁**을 일으키기도 해요. 인구 증가와 기후 변화 때문에 이런 상황은 앞으로 더 심해질 거예요.

다양하게 사용되는 물

전 세계에서 소비되는 민물의 70%가 농업에 사용돼요. 그 다음으로는 산업에 20%가 사용되지요. 마지막으로 가정에서 사용되는 물은 10%밖에 되지 않아요. 그런데 세계 곳곳에서 물이 똑같이 사용되지는 않아요. 물이 풍부하고 산업이 발전된 나라에서는 물이 주로 산업과 가정용으로 사용돼요. **농업**이 중심인 나라들에서는 물이 주로 농사짓는 데 사용되는데, 이때 엄청나게 낭비되는 경우가 많아요. 관개용수(농사에 필요하여 논밭에 대는 물)의 20~30%가 농작물에 가기도 전에 증발하거나 그냥 흘러가 버린답니다.

물을 가장 많이 소비하는 분야

전 세계에서 소비되는 민물의 대부분은 **농업**에 사용돼요. 그 다음으로는 **산업**에 20%가 사용되지요. 마지막으로 **가정에서 사용되는 물**은 10%밖에 되지 않아요. 그러나 인구는 점점 더 늘고 사람들의 생활 수준이 높아져 물에 대한 수요도 늘고 있어요. 예를 들어 자동차 한 대를 생산하는 데는 1만 리터의 물이 필요해요. 플라스틱과 금속을 식히고 페인트나 가죽을 만드는 일 등에도 물이 사용되지요.

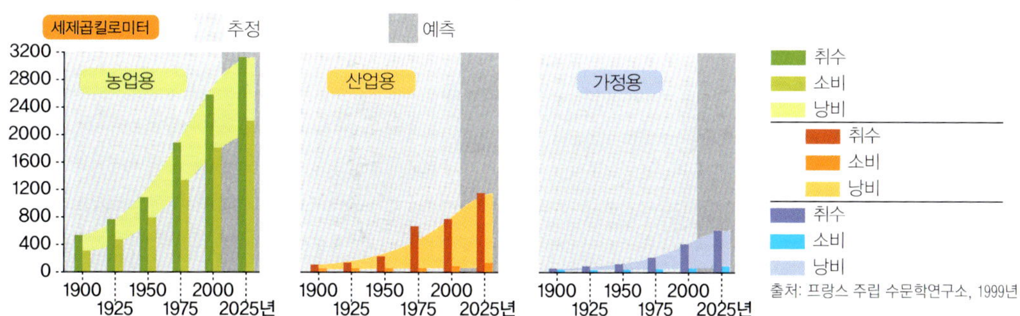

미국 엘패소의 주민들은 하루에 1인당 평균 750리터의 물을 사용해요. 그 물의 절반은 여가 활동, 특히 수영장을 채우고 골프장 잔디에 물을 주는 데 사용돼요. 반면 유럽 사람 1명은 하루에 물 250리터, 아프리카 사람 1명은 30리터를 쓴답니다.

물이 부족하고 깨끗하지 않으면 여성들이 가장 많이 고생해요. 많은 개발 도상국에서는 여성들이 가정에서 쓸 물을 조달하니까요. 아프리카에서는 주부가 식구들이 쓸 물을 가져오기 위해 하루에 평균 6킬로미터를 걷는답니다.

위협 받는 민물

지구에서는 민물이 지하수 층, 빙하, 늪, 호수와 **하천**에 있어요. 그러나 우리가 쓰레기의 거의 대부분을 자연에 버리기 때문에 이런 민물들이 오염되고 있어요. 오염을 일으키는 주범은 세제, 배설물, 쓰레기 등과 같은 생활 쓰레기와 공장에서 쓰는 금속, 화학제품과 같은 산업 용품, 살충제와 비료를 쓰는 농업 등이에요. 물은 증발하거나, 비가 되어 내리거나, 흐르거나, 땅에 스며드는 자연의 순환에 따라 다시 만들어질 시간이 필요해요. 이 모든 오염은 우리의 건강과 자연환경에 해를 끼친답니다.

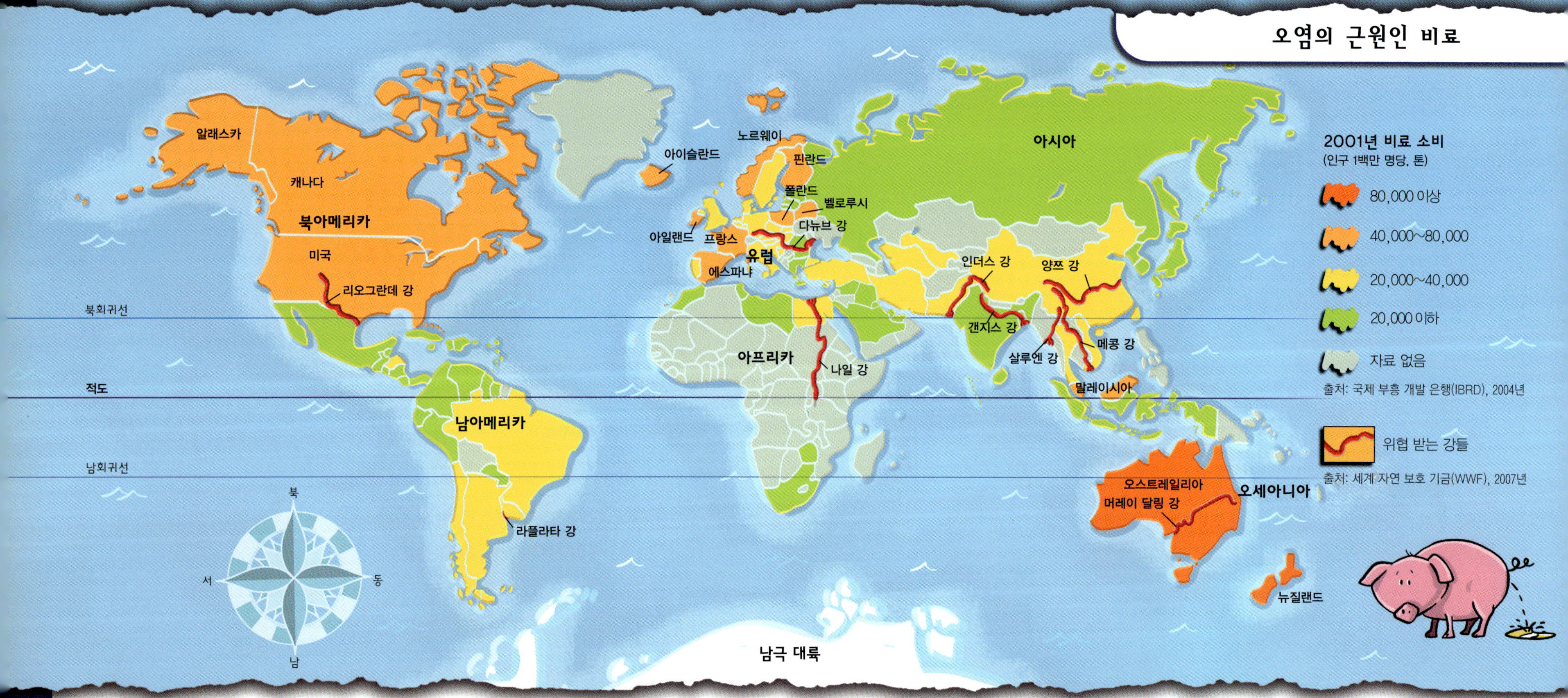

농업의 피해

비료를 사용하면 농작물을 더 많이 수확할 수 있어요. 비료는 농지에 뿌리는 질소 화학제품이나 동물의 배설물을 말해요. 식물들이 흡수하고 남은 비료는 비에 씻겨 내려가 강과 지하수를 오염시켜요. 비료에는 농작물이 병충해를 입지 않게 하려고 사용한 살충제도 섞여 있어요. 그런데 비료와 살충제는 이것을 흡수한 동물과 사람의 성장과 출산에 안 좋은 영향을 끼칠 수 있어요. 세계에서 **살충제**를 가장 많이 사용하는 세 나라는 미국, 일본, 프랑스예요.

파괴되어 가는 강들

큰 강들이 인간 활동 때문에 사라질 위험에 놓여 있어요. 그런데 수백만 명의 사람들이 이런 강에 의존해서 살아가고 있답니다! 유럽의 **다뉴브 강**가에 있는 습지와 범람 위험에 처한 평원의 80%가 이미 파괴되었어요. 아시아의 **메콩 강**은 지나친 어업 활동 때문에 피해를 입고 있고, 중국의 **양쯔 강**은 댐 건설로 위협을 받고 있어요. 그중 가장 거대한 댐인 싼샤 댐은 몇몇 동물 종을 사라지게 만들고, 강가에 살던 수백만 주민들의 삶의 터전을 삼켜 버렸어요. 빙하가 녹아 흐르는 **인더스 강**의 수량은 히말라야의 빙하가 줄어들면서 수량이 감소하고 있어요.

폐수

땅, 호수나 하천에 곧바로 버려지는 폐수는 조금씩 물을 오염시켜요. 하수 처리장*은 폐수가 자연으로 흘러들기 전에 깨끗이 만드는 것이 임무예요. 오늘날 지구에 사는 사람들의 절반에게는 그런 시설이 없어요. 특히 아프리카와 아시아는 더욱 그렇지요. 식수를 마실 수 있고 하수망* (하수도, 분뇨, 정화조 등)을 사용하는 사람의 수가 최근 10여 년 동안 증가하기는 했지만 생활 기반 시설의 확충이 도시의 발전을 좇아가지 못한 대도시들에서는 상황이 달라요. 오염된 물과 연관된 질병들은 심각하고 때로는 치명적이에요. 장티푸스, 콜레라, 설사 등이 그렇지요.

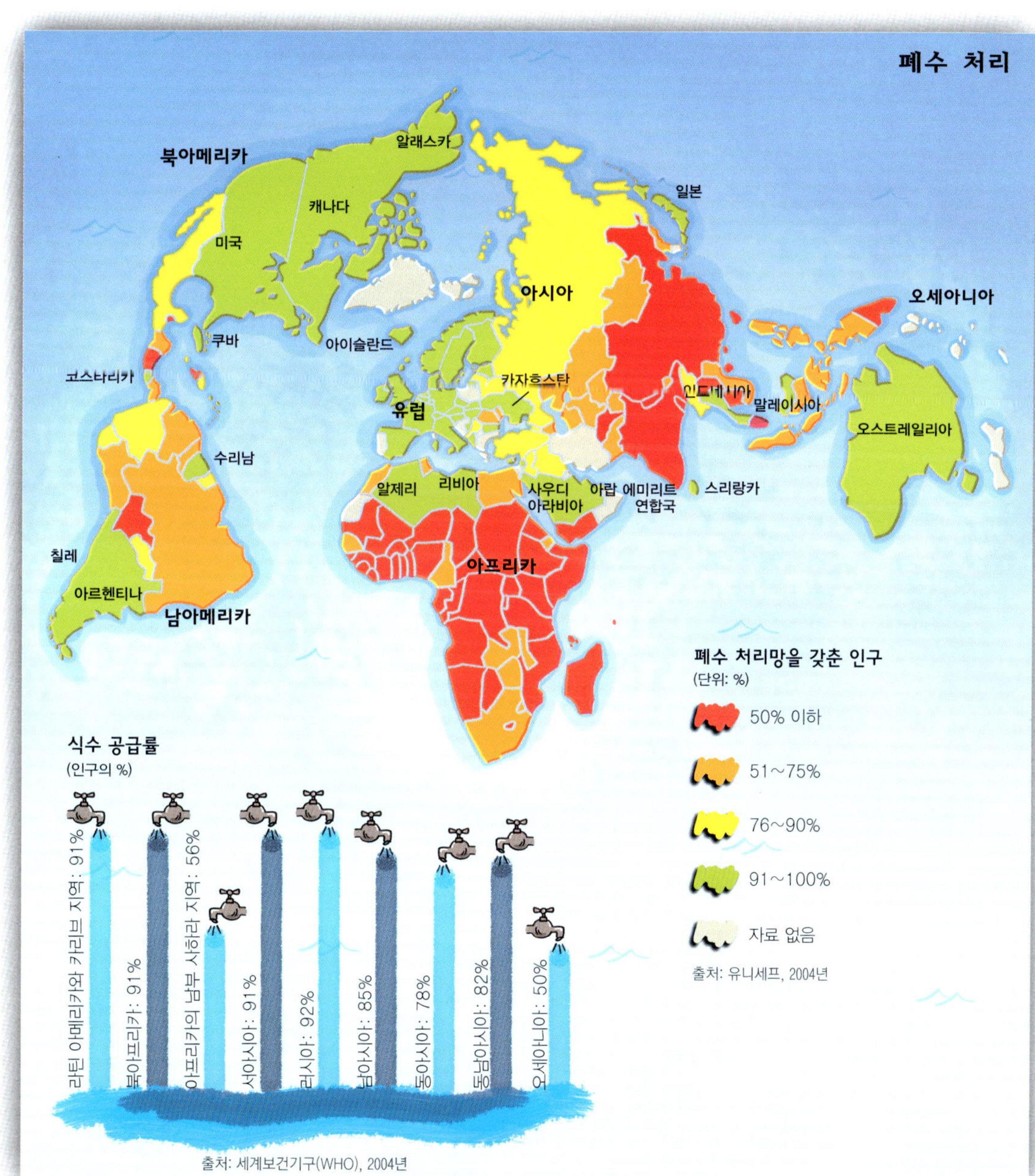

산업은 중금속*, 유독 물질 등 아주 위험한 오염 물질을 방출해요. 제지 공장은 환경에 가장 해로운 공장 중 하나예요.

이 호수에 부영양화가 일어났어요. 부영양화란 비료 등 다량의 오염 물질이 호수로 들어와 이것을 먹고 자란 플랑크톤이 비정상적으로 증식하여 수질이 오염되는 현상을 말해요. 이런 현상이 일어나면 물고기는 산소가 부족해져서 죽게 되지요.

댐은 생태계를 어지럽혀요. 예를 들어 번식할 때 이동해야 하는 물고기 종들이 있는데, 댐이 이런 물고기들의 이동을 막아요. 중국의 양쯔 강에 있는 싼샤 댐은 수백 종의 물고기를 위협하는 것으로 추정하고 있어요.

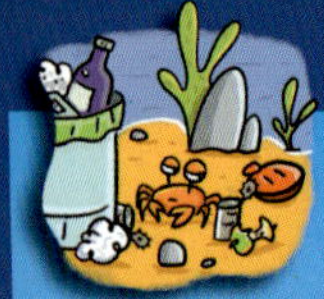

바다와 연안 지대의 물

바다는 지구 표면의 약 70%를 차지해요. 바다에는 아주 건강한 생태계가 있고 육지에서보다 더 많은 생물이 살고 있어요. 그러나 수면과 해안 가까이에 사는 바다 생물 종은 인간 활동 때문에 병들어 있어요. 생태계는 일단 파괴되면 돌이킬 수 없어요. 파괴된 산호초나 맹그로브 숲*은 다시 만들어지지 않아요. 해양 교통수단, 기름띠*, 남획, 연안 지대의 건설, 지구 온난화는 이런 파괴를 일으키는 주범이에요.

바다의 오염은 대륙이 원인이에요

바다 오염의 4분의 3은 강을 통해 이뤄져요. 나머지 4분의 1은 상선·요트·모터보트 등이 고의나 사고로 배출하는 기름, 고형 폐기물과 화학 폐기물, 불법 폐기물에 의한 거예요. 해마다 650만 톤의 고형 폐기물이 바다에 버려져요. 또한, 바다 한가운데에서 불법으로 **탱크 청소**를 하는 유조선은 대양에 많은 오염을 일으키는 주범이에요. 마지막으로 **기름띠**는 60년대부터 60%가 감소했지만 아직도 매우 많이 남아 있답니다.

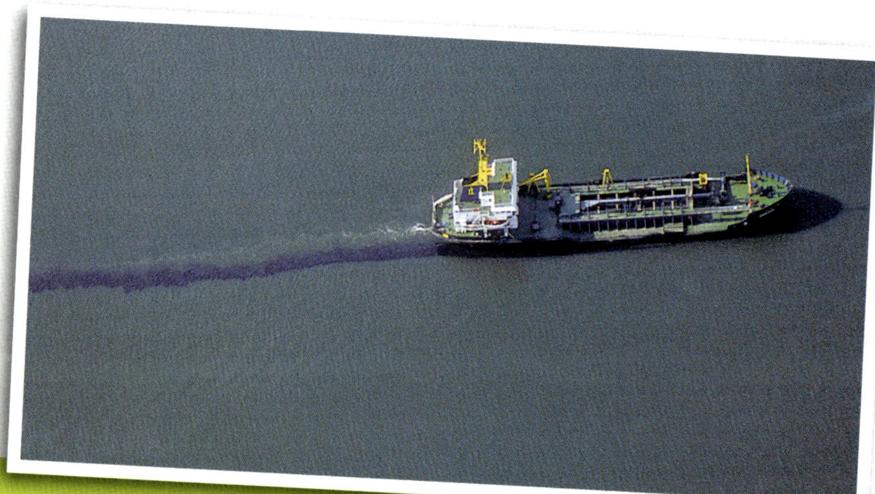

항구에는 대부분 유조선 탱크 세척장이 있어요. 그러나 그곳을 거치는 선박은 거의 없어요. 대부분 바다로 멀리 나가 폐기물을 바로 버리지요. 폐기물의 양은 해마다 1백만 톤에 달해요.

오염의 근원인 비료

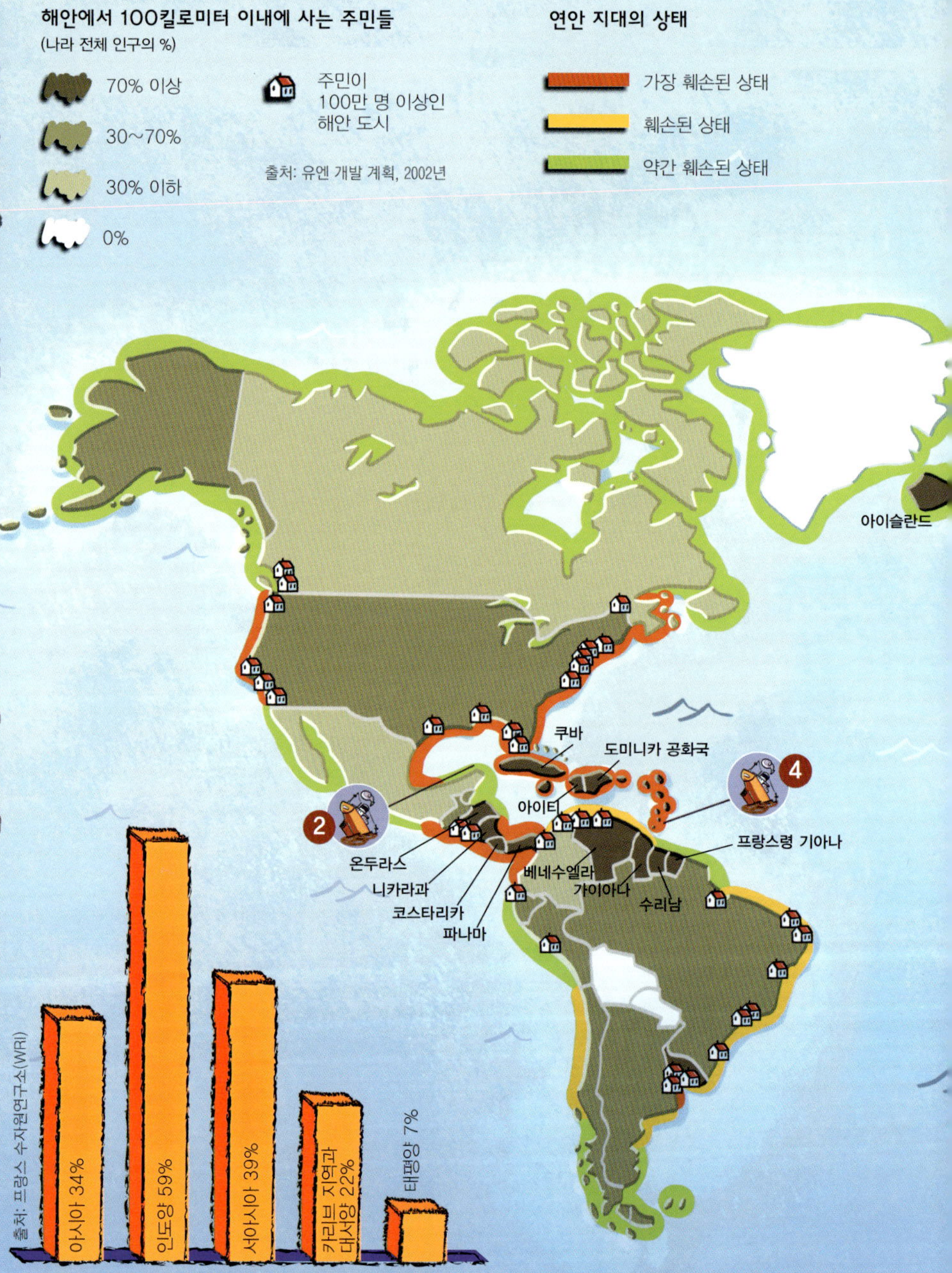

해안에서 100킬로미터 이내에 사는 주민들
(나라 전체 인구의 %)
70% 이상
30~70%
30% 이하
0%
주민이 100만 명 이상인 해안 도시
출처: 유엔 개발 계획, 2002년
연안 지대의 상태
가장 훼손된 상태
훼손된 상태
약간 훼손된 상태
아이슬란드
쿠바
도미니카 공화국
아이티
온두라스
니카라과
코스타리카
파나마
베네수엘라
가이아나
수리남
프랑스령 기아나
2
4
출처: 프랑스 수자원연구소(WRI)
아시아 34%
인도양 59%
서아시아 39%
카리브 지역과 대서양 22%
태평양 7%

지역별 파괴된 산호초 백분율

세계 10대 기름 유출 사고

1	쿠웨이트	1991년 1월 26일	800,000톤
2	멕시코 만	1979년 6월 3일	500,000톤
3	우즈베키스탄	1992년 3월 2일	299,000톤
4	토바고, 카리브	1979년 7월 19일	276,000톤
5	앙골라	1991년 5월 28일	260,000톤
6	이란	1983년 2월 4일	250,000톤
7	남아프리카 공화국	1983년 8월 5일	250,000톤
8	브르타뉴, 프랑스	1978년 3월 16일	227,000톤
9	제노바, 이탈리아	1991년 4월 11일	144,000톤
10	웨일스, 영국	1967년 3월 18일	121,000톤

출처: 국제유조선선주유류오염연맹(ITOPF)

해안이 파괴돼요

해안 도시들은 아주 빠른 속도로 성장했고, 그중에는 때때로 바다를 쓰레기장으로 사용하는 도시들도 있어요. 토양의 침식 현상*을 동반한 연안 지대의 오염은 해안의 파괴를 더 심하게 해요. 마지막으로 **엘니뇨 현상**은 태평양의 수온을 높게 만들어 **산호초**, 특히 오스트레일리아 북동쪽 해안을 따라 위치한 산호초인 그레이트 배리어 리프를 심각하게 손상시켰어요. 이것은 아주 심각한 일이에요. 일단 손상된 산호초는 원상태로 되돌리기 힘든데다 산호초에는 바다 생물 종의 4분의 1이 살고 있기 때문이에요.

오염된 산호초의
30%가 이미 죽었고,
2030년이면
60%가 죽을지도 몰라요.

최근 50년 동안, 어획량은 4배가 증가했어요. 물고기 종 중 4분의 1은 다시 번식할 틈도 없이 잡혀 버려요. 이것을 남획이라고 해요. 나머지 4분의 3은 잡을 수 있는 최대의 양 그 이상으로 잡히고 있을 거예요.

전 세계 대양의
약 **41%**는 인간 활동으로
심하게 타격을
받고 있어요.

맹그로브 숲이 사라지고 있어요

맹그로브 숲은 열대와 아열대 지역의 바닷가를 따라 자리 잡고 있는 숲이에요. 이 **숲**은 침식, 바람과 태풍으로부터 해안을 보호해 주고, 땔감, 먹을 것과 약초를 제공해요. 또한 악어, 호랑이, 백로, 새우 등 멋진 동물들의 이상적인 **은신처**이기도 해요. 오른쪽의 두 위성 사진은 1987년과 1999년에 온두라스를 찍은 것으로 농업과 물고기 양식 때문에 맹그로브 숲이 줄어든 모습을 보여 주고 있어요. 전 세계적으로 맹그로브 숲은 거의 20%가 감소했답니다.

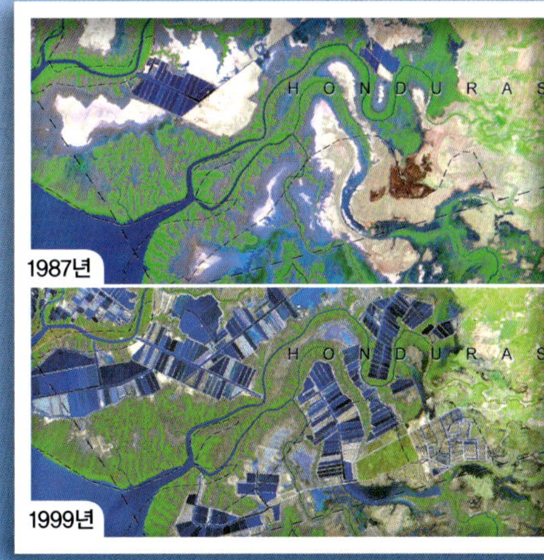

사진의 프랑스 코트다쥐르 지방처럼 도시화*가 끊임없이 이뤄지는 연안 지대들을 볼 수 있어요. 사람들은 자연을 훼손하고 건물, 호텔, 항구를 지었어요. 이로 인해 이곳에서는 야생 동물들이 완전히 사라져 버렸어요.

[공기]

공기는 보이지 않지만 늘 우리 주변에 있어요. 우리를 둘러싸고 있는 공기는 눈에 보이지 않는 기체로 이루어져 있어요. 그중 대부분은 질소와 산소지요. 모든 생명체는 공기로 숨을 쉬어요. 바다 생물도 물속에 녹아 있는 산소로 숨을 쉰답니다! 그런데 인간은 공기의 구성 성분을 바꾸고 있어요. 석유, 가스, 석탄 같은 연료를 태워 에너지를 만들면서 공기를 오염시키지요. 어떤 오염 물질들은 유독하고 천식 같은 질병을 일으켜요. 또 어떤 오염 물질들은 마치 비닐하우스처럼 지구 대기층을 둘러싸서 태양열이 지구 밖으로 나가지 못하게 해요. 그로 인해 지구가 더워져요. 이러한 기후의 변화는 지구에 사는 생명체들을 혼란에 빠뜨린답니다.

[대기 오염의 주범, 화석에너지]

컴퓨터, 오븐, 공장의 기계들……. 현대의 모든 발명품들은 에너지를 사용해서 작동해요. 이런 에너지의 대부분은 석유, 석탄, 천연가스 같은 땅속에 있는 화석 연료*를 태워 만들지요. 화석 연료는 타면서 공기 중으로 지구 온난화의 주범인 이산화탄소와 오염 물질을 배출해요. 그래서 오늘날 우리는 바람, 태양, 나무나 물로부터 에너지를 얻어 '공해 없는' 에너지를 개발하려고 노력하고 있어요.

전 세계에서 **약 4명 중 1명**이 전기가 없는 곳에서 살아요.

세계의 에너지 소비

출처: 국제 에너지 기구(IEA), 2006년

누가 에너지를 가장 많이 소비할까요?

나라가 부유할수록, 그 나라 국민은 안락함을 위해, 그리고 살아가는 데 필요한 다양한 물건들을 생산하기 위해 에너지를 더 많이 소비해요. 전체 인국가 전 세계 인구의 약 5%를 차지하는 미국은 전 세계 석유의 1년 생산량의 25%를 소비해요. **안락함을 누리기 위해 전력을 소비하는** 사람의 수는 계속 증가할 거예요. 우리가 생활 방식을 바꾸지 않는다면, 그리고 가난한 나라들에게 모범을 보이지 않는다면 **에너지 소비**는 2030년에 55%가 더 증가할 거예요.

2004년 1인당 에너지 소비량
(석유 기준. 톤)

- 5.6~23.24
- 2.6~5.6
- 1~2.6
- 0.2~1
- 자료 없음

전기 없이 사는 인구

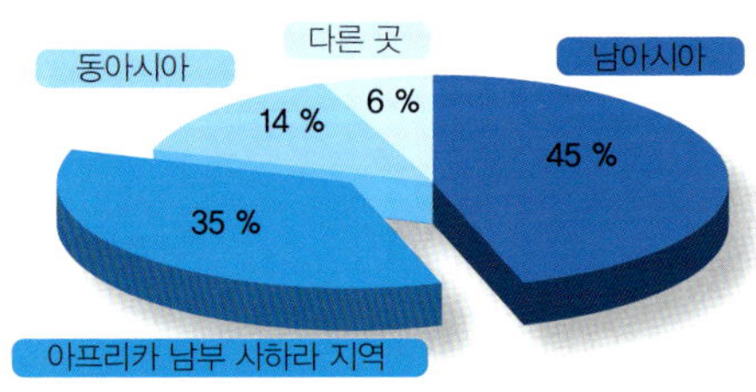

출처: 유엔 개발 계획(UNDP), 「인간개발보고서」, 2007/2008년

부유한 나라들의 허기증

전 세계에서 생산된 에너지의 대부분은 석유나 석탄, 가스를 태워 얻어요. **핵에너지**는 천연 원료인 우라늄에서 방사능 에너지를 얻는 거예요. 그러나 핵폐기물은 인간에게 위험한데 그것을 어떻게 없애야 하는지 우리는 잘 알지 못해요. 수력 전기*는 하천에서 얻어요. **바이오매스*** 에너지는 식물이나 미생물에서 얻는 에너지예요. 식물에서 추출한 연료나 땔감, 쓰레기를 발효시킬 때 나오는 가스나 열에서 얻을 수도 있어요. 재생 가능 에너지*는 태양 에너지, 풍력 에너지, 조력 에너지, 지열 에너지 등 끝없이 사용할 수 있는 모든 에너지를 말해요. 재생 가능 에너지가 발전한다 하더라도 차지하는 비중이 아주 적어요. 왜냐하면 화석 에너지*의 생산 또한 증가하기 때문이에요.

출처: 국제 에너지 기구(IEA), 2006년

예고된 석유의 고갈

석유는 모든 것에 사용돼요. 휘발유, 플라스틱, 옷 등을 만드는 데 쓰이지요. 지구의 석유 **저장량**은 제한되어 있어요. 오늘날, 대부분의 전문가들은 석유 생산 **감소**가 불가피하다는 것을 알아요. 그렇지만 우리가 앞으로 석유를 사용할 수 있는 기간에 대해서는 의견이 아주 다양해요. 20년이라는 사람들도 있고, 40년 또는 60년이라는 사람들도 있어요. 확실한 것은 석유가 점점 더 깊은 곳에서 채굴될 것이고, 점점 더 채굴하기가 힘들어질 것이고, 따라서 가격이 점점 더 비싸질 것이라는 점이에요.

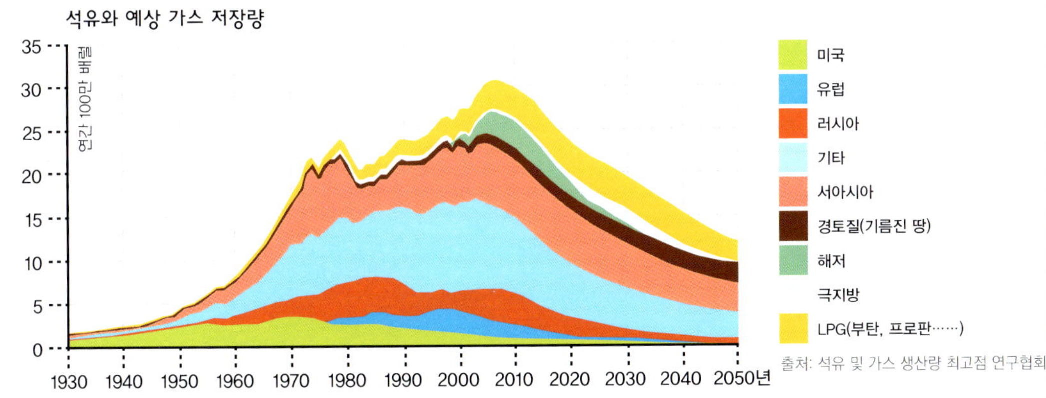

출처: 석유 및 가스 생산량 최고점 연구협회

원자력 발전소가 세계에서 가장 많은 곳은 바로 미국이에요. 프랑스는 두 번째로 많은 곳이지요. 하지만 원자력 발전소에서 국가 전력을 가장 많이(78%) 생산하는 곳이 바로 프랑스예요.

전 세계 에너지 소비가 2000년에서 2004년 사이에 **10%** 증가했어요.

오늘날 재생 가능 에너지의 주 원천은 수력 발전이에요. 하지만 전 세계 에너지 생산의 2.15%밖에 차지하지 않는답니다.

산업 활동이 가져온 공해

전체 온실가스* 양의 3분의 1가량이 산업에서 **배출돼요.** 이 가스는 지구 온난화의 주범이지요. 식품, 제지, 의약품, 플라스틱, 금속, 섬유를 제조하는 모든 형태의 산업이 이것과 연관이 있어요. 이런 활동은 많은 공해를 일으켜요. 중금속, 대기 오염 물질 (대기 가운데 떠도는 고체 또는 액체의 미세한 입자로

에어로졸이라고 해요.), 유독 가스 등. 그렇지만 몇 년 전부터 산업은 낭비를 줄이고, 쓰레기를 재활용하고, 에너지를 덜 소비하는 생산 방식을 개발하고 있어요. 1990년부터 산업은 온실가스 배출을 21% 줄였어요. 그러나 개발 도상국에서는 그런 노력을 기울이지 못하고 있답니다.

우리가 숨 쉬는 공기에는 1850년 이전보다 이산화탄소가 **30% 더** 들어 있어요. 그때는 공장이 별로 없었지요.

2004년 이산화탄소 배출량
(단위: 1인당 톤)

- 11.5톤 이상
- 5.6~11.5톤
- 1.8~5.6톤
- 1.8톤 이하
- 자료 없음

출처: AIE, 2004년

산업 부문 이산화탄소 배출량
(단위: 1천 톤)

- 50억 톤
- 30억 톤
- 10억 톤
- 1억 톤

출처: 국제연합 환경 계획(UNEP)/
지구자원정보 데이터베이스(GRID), 2008년

온도를 높이는 가스

'CO₂'는 화학자들이 **이산화탄소**를 표시할 때 사용하는 화학식이에요. 이것을 '탄산가스'라고도 불러요. 이것은 본래 공기 속에 있는 가스이지만 에너지를 태울 때 발생하기도 해요. 공기 중에 이산화탄소의 양이 너무 많으면 기후가 변화해요. 이 지도를 보면 각 나라들이 고르게 이산화탄소를 배출하는 것이 아님을 알 수 있어요. 오늘날 **기후 변화**의 대부분은 산업 국가의 개발 때문에 일어나요.

이산화탄소(CO₂)의 배출

방사능 구름

1986년 4월 26일, 핵 산업의 가장 큰 재앙이 체르노빌 원자력
발전소에서 발생했어요. 핵 반응으로 전기를 만드는 원자로에서
폭발이 일어난 거예요. 거의 열흘 동안 방사능 구름이 생기면서
아주 많은 방사능 물질이 대기에 방출되었어요. 그 구름은
유럽 전체를 뒤덮었어요. 그 과정에서 나온 방사능 물질은
주로 세슘이었어요. 체르노빌의 세슘은 미국과 아시아에서도
발견되었어요. 방사능은 암과 같은 치명적인 질병을 일으키고,
기형아를 출산시켜요. 이 사고로 수천 명의 사람들이 피해를
입었어요.

체르노빌의 세슘은 어디로 갔을까요?

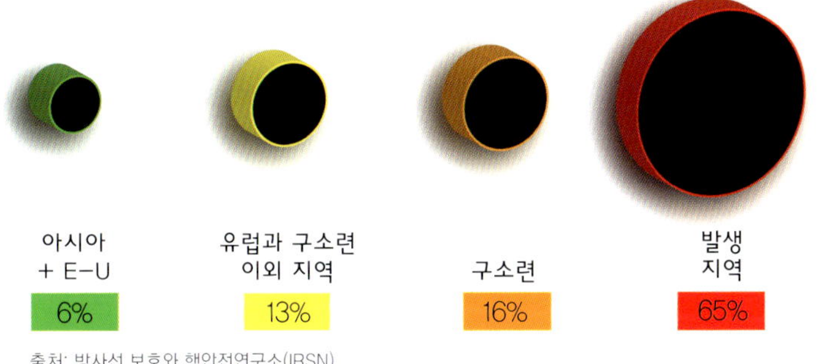

출처: 방사선 보호와 핵안전연구소(IRSN)

체르노빌 핵 재앙

출처: 방사선 보호와 핵안전연구소(IRSN)

유럽의 산업 오염

모든 시민들은 오염을 일으키는 기업들을 조사하고 모아 둔 자료를
열람하여 그런 기업들의 존재에 대해 알 수 있어요. 유럽연합의
산업오염목록(EPER, European Pollutant Emmission Register)이라
불리는 이 자료는 인터넷으로 볼 수 있어요. 아래의 지도는 이 목록에서
볼 수 있는 것이에요. 지도를 보면 공기와 물속으로 암모니아를 방출하는
유럽 화학 산업 공장들이 어떻게 분포되어 있는지 알 수 있어요.
암모니아 가스는 석유 화학. 고무 산업, 비료 제조에서 사용돼요.
이것은 인간에게 유독하고 환경에도 위험한 인화성 가스예요.

출처: 유럽연합의
산업 오염 목록(EPER)

프랑스에서는
이산화황(SO_2)의 **31%**가
산업에서 만들어져요.

산업에 따라 다른 오염 물질이 만들어져요.
농식품 산업에서 기름, 화학 산업에서 산이
만들어지지요. 이 사진은 오스트레일리아의 한
제련소 모습이에요. 제련소에서 미량의 금속이
유출돼요.

숨 막히는 도시의 공기

자동차 매연, 화석 에너지를 원료로 사용하는 난방, 쓰레기를 태워 소각하는 소각로* 등이 도시의 공기를 오염시켜요.
개발 도상국의 도시들이 가장 큰 피해를 입고 있어요. 자동차, 산업, 쓰레기 소각로, 난방 설비는 낡아서 에너지를 많이 소비해요.
이런 오염은 사람들에게 폐암, 혈액 순환 장애, 호흡기 질환 등을 일으켜 건강을 해쳐요.

대기 오염의 원인

공기 중에 **부유 미립자***가 많을수록, 공기의 상태가 안 좋아요. 온갖 종류의 입자들, 먼지, 꽃가루, 그을음, 연기 등이 공기를 오염시킬 수 있어요. 공기 속 많은 미립자들이 우리 **건강**에 해를 끼쳐요. 사람들이 오염된 공기로 오랫동안 숨을 쉬고 공기를 빠르고 깊게 들이마시는 운동을 한다면 더 심각한 결과가 초래되지요. 장애는 어린이, 노인, 천식 환자, 심장병 환자, 흡연자, 임산부 등 취약한 사람들에게서 더 많이 나타나요.

스모그*는 안개와 비슷해 보여요. 매연이나 배기가스 등이 공기 중의 수증기와 한데 엉겨서 생기지요. 그리스 아테네(위 사진)의 경우처럼 스모그는 많은 대도시에서 볼 수 있는 대기 오염의 한 형태예요.

프랑스 리옹 지역의 공해

리옹 중심가는 **이산화질소**에 의한 공기 오염이 아주 심해요. 이산화질소는 폐를 자극하는 가스로, 기침을 일으키거나 천식을 악화시켜요. 이산화질소 배출의 경계치는 40마이크로그램인 것에 비해 리옹 중심가는 3제곱미터당 거의 50마이크로그램에 달해요. 이산화질소는 자동차의 배기가스와 에너지 생산에 의해 만들어지는 가스예요. 자동차에 의한 오염은 교통량이 많은 도로 주변에서는 그렇지 않은 곳보다 3배까지 높을 수 있어요. 이런 오염을 줄이기 위해서는 **자동차의 시내 운행**을 제한해야 할 거예요.

개발과 공기의 질

선진국에서는 주요 오염 물질의 방출이 **탈공업화**(제조업으로부터 서비스 산업으로 경제가 이동하는 현상을 말해요.)와 날로 엄격해지는 **규제** 때문에 아주 많이 줄어들었어요. 신흥 국가에서는 상황이 반대 쪽으로 가고 있어요. 공기 중 떠다니는 미립자의 양은 선진국보다 5배 더 높아요. 그러나 생활 수준이 올라갈수록 깨끗한 공기를 원하는 **개선** 요구가 많아져서 규제가 만들어지고 대기 오염은 줄어들어요.

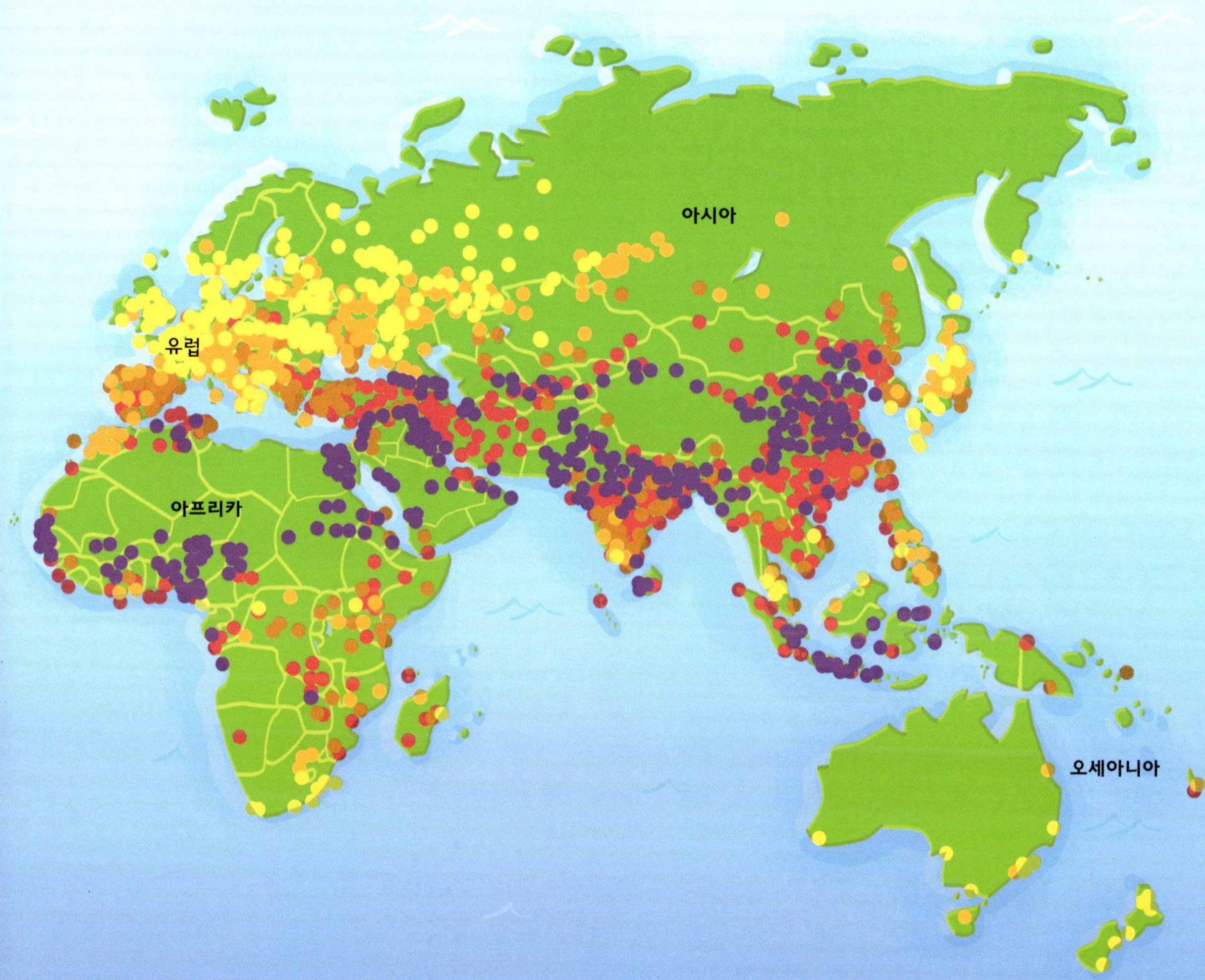

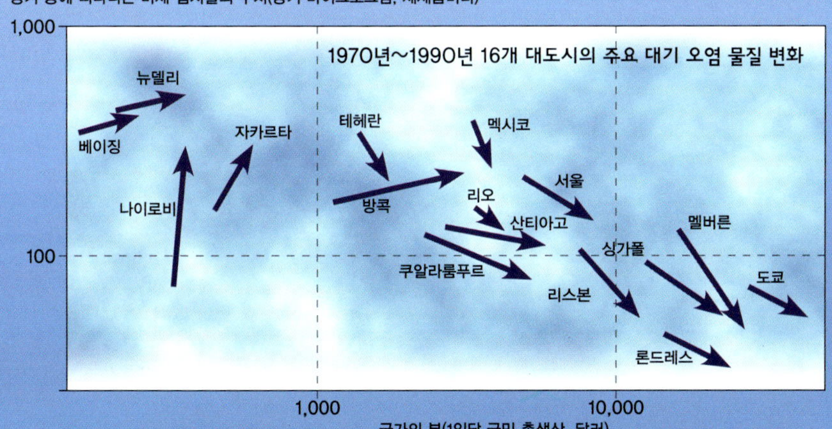

석탄 화력 발전소와 자동차 수의 증가는 중국 대도시들의 공기를 오염시키고 있어요. 중국 사람들의 건강에 미치는 영향은 아주 심각하지요. 대기 오염이 해마다 발생하는 수많은 사망(35만 명 이상)의 원인으로 보고 있어요.

세계에서 가장 오염된 50개 **도시 중 16개 도시**가 중국에 있어요.

비가 자동차나 전력 발전소에서 나오는 오염 물질과 섞이면 산성비*로 변해요. 산성비는 땅에 떨어지면서 숲과 호수뿐만 아니라 건축물에도 피해를 입혀요.

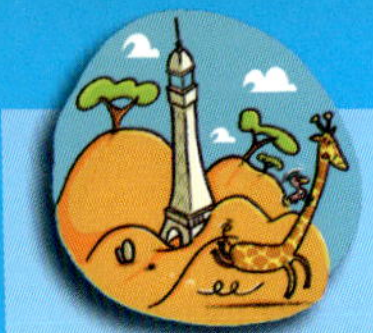

점점 심해지는 이상 기후

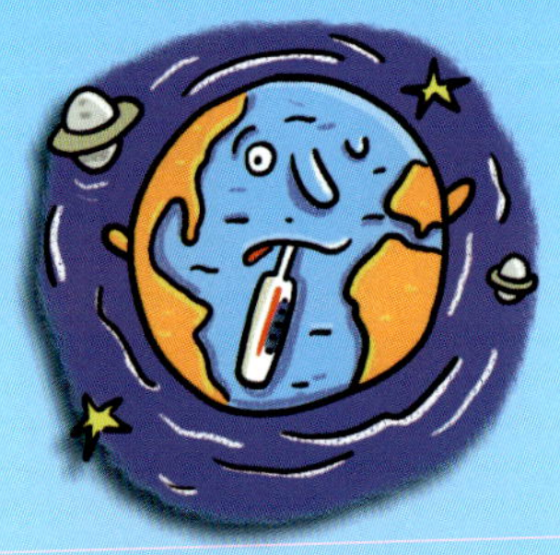

지구의 기후는 지구가 생기고 나서부터 계속 변화했어요. 우리의 지구는 꽁꽁 얼어붙은 적도 있었고, 지금보다 훨씬 더 더운 적도 있었어요. 그러나 이런 변화는 천천히 진행되었고, 그때는 사람이 살지 않았지요. 오늘날, 인간의 산업 활동은 대기의 온도를 높이는 많은 가스를 배출해요. 바로 온실가스예요. 1900년대부터 기후는 이제까지 들어본 적이 없는 빠른 속도로 변화하고 있어요. 많은 생물 종을 위협하고 인간 생활을 위험하게 만들면서 말이에요. 또한 대기 오염은 하늘 높은 곳에 위치해 유해한 태양 광선을 걸러 주는 오존층*도 파괴시켜요.

세계의 평균 기온은 20세기의 100년 동안 **0.6도** 상승했어요.

지구 온난화로 예상되는 2100년도 지구의 상황

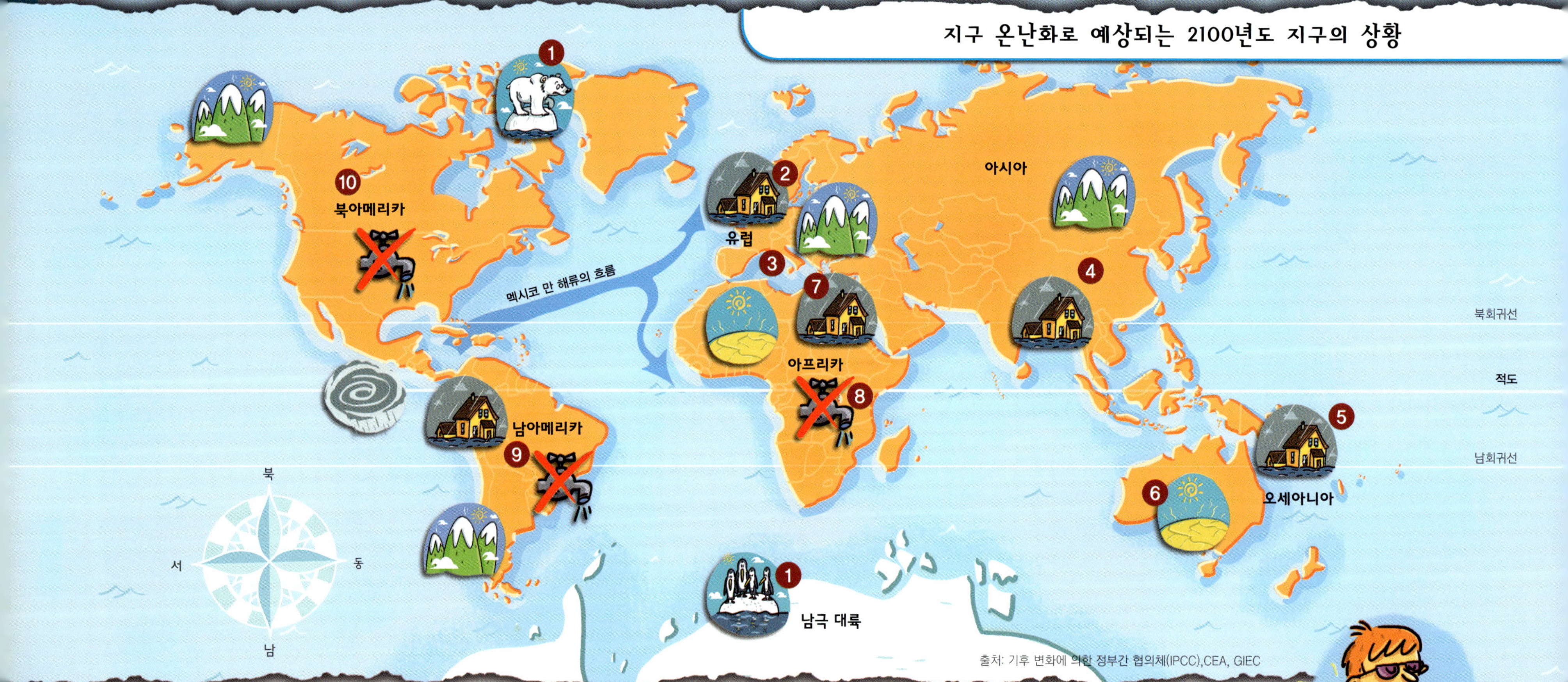

출처: 기후 변화에 의한 정부간 협의체(IPCC),CEA, GIEC

❶ **남극 지방과 북극 지방:** 빙관(산 정상이나 고원을 덮은 영구 빙설)의 해빙.

❷ **북유럽:** 호우, 빙하의 해빙, 해수면 상승으로 인한 주민 피해, 더 혹독하게 추운 겨울(아메리카에서 오는 난류인 멕시코 만 해류의 약화가 원인).

❸ **남유럽:** 잇따른 가뭄, 해수면 상승으로 인한 주민 피해.

❹ **남아시아:** 히말라야 빙하의 해빙, 줄어드는 농작물 수확량, 홍수, 물 부족, 해수면 상승으로 인한 주민 피해.

❺ **오세아니아:** 해수면 상승으로 인한 주민 피해.

❻ **오스트레일리아/뉴질랜드:** 심한 가뭄.

❼ **서아시아:** 사막화와 나일 강 삼각주 지역의 홍수.

❽ **아프리카:** 기아, 물 부족, 심각한 전염병, 위협 받는 농업, 사막화, 해안 지대의 홍수와 침식 위험.

❾ **남아메리카:** 물 부족, 아마존의 초원화, 안데스 산맥 빙하의 소멸, 엘니뇨(태평양의 한 해류)로 인한 홍수, 가뭄, 강한 사이클론*의 발생.

❿ **북아메리카:** 해수면 상승, 극심한 무더위, 오존층 파괴, 물 전쟁, 오대호의 수면 하강.

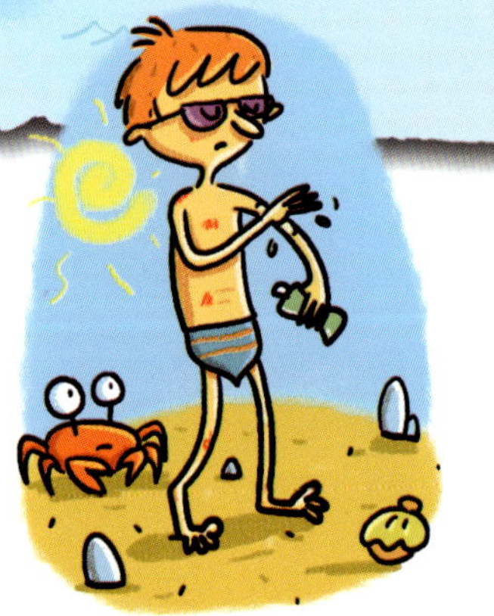

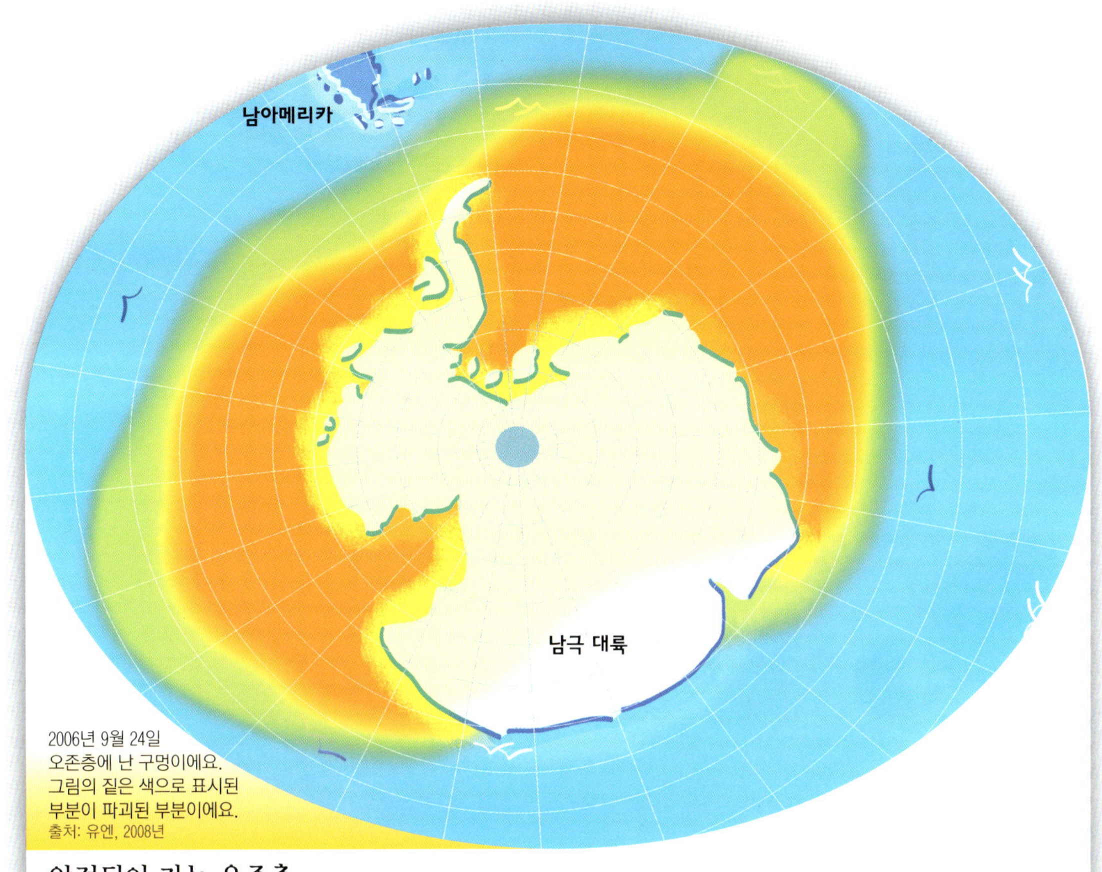

2006년 9월 24일
오존층에 난 구멍이에요.
그림의 짙은 색으로 표시된
부분이 파괴된 부분이에요.
출처: 유엔, 2008년

안정되어 가는 오존층

오존층은 지상에서 약 25킬로미터 되는 곳에서 지구를 감싸고 있는 대기층이에요. 오존층은 태양의 **자외선**으로부터 생명을 보호해 줘요. 자외선을 많이 쬐면 치명적인 병인 피부암이 생겨요. 오존층은 스프레이와 냉장고가 배출하는 프레온 가스에 의해 파괴돼요. 1987년부터 이 가스는 사용이 **금지**되었어요. 오존층 파괴가 덜한 해와 심한 해를 평균하여 오존층 파괴는 점점 줄어드는 듯해요. 그러나 안정을 되찾으려면 앞으로도 수십 년은 더 걸릴 거예요.

극단의 상황들

20세기는 최근 6세기 동안 가장 기온이 높았어요. 전문가들은 지금부터 2100년까지 평균 **기온**이 1.4~5.8도 **상승**할 것으로 보고 있어요. 기후는 혼란에 빠져 습한 계절에는 물이 더 많아지고, 건조한 계절에는 물이 더 적어질 거예요. 이런 변화는 식물, 동물 등을 사라지게 만들지도 몰라요. 인간은 **가뭄**, **홍수** 때문에 더 자주 고통 받을 것이고, 지역에 따라 물은 더 부족해질 거예요. 지구 전체의 문제이기도 하지만 이미 척박한 기후에서 살고 있는 아주 가난한 사람들이 피해를 가장 심하게 입을 거예요.

이산화탄소의 집중과
지구의 평균 기온

출처: 프랑스 환경연구소(IFEN),
2003년

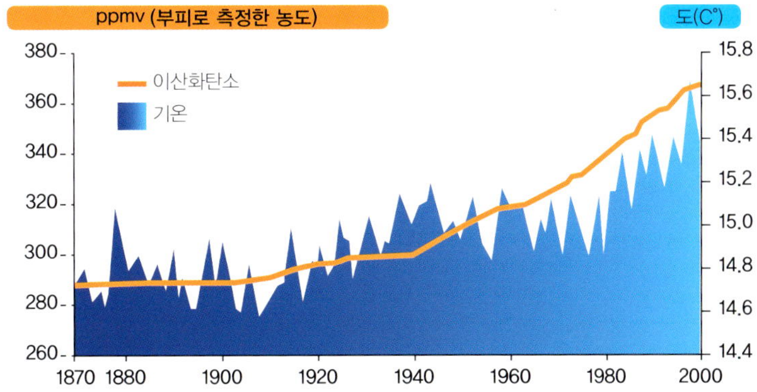

19세기 말부터 해수면은 10~20센티미터 높아졌어요. 이런 현상이 계속된다면 많은 섬과 해안은 지도에서 사라질 거예요. 태평양에 있는 키리바시의 국민들은 이민 갈 준비를 하고 있고, 이미 다른 나라에 이민 신청을 한 사람들도 있어요.

2008년에 오존층의 구멍

크기는 **2천700만 제곱킬로미터**

(대한민국의 약 122배)였어요.

2005년에 아프리카 동부와 남부의 가뭄은 1천400만 명의 목숨을 위태롭게 만들었어요.

[해결책]

사람들은 지구의 자원이 무한하지 않고 자원을 낭비하면

재앙이 닥친다는 것을 인식하기 시작했어요.

국가, 시, 비정부 기구, 비영리 단체, 산업과 시민들이 나서서

환경을 보존하며 개발하는 방향으로 나아가고 있어요.

각 나라들의 독창적이고 효율적인 아이디어들을 함께 살펴보아요.

- **면적**: 1천39만 2천855제곱킬로미터(지구 전체 육지의 7%)
- **국가 수**: 45개국
- **인구**: 7억 3천400만 명
- **인구 밀도**: 1제곱킬로미터당 71명
- **주요 언어**: 독일 어, 영어, 스페인 어, 프랑스 어, 이탈리아 어, 폴란드 어, 포르투갈 어, 루마니아 어, 러시아 어
- **대도시**: 모스크바, 런던, 파리, 베를린, 상트페테르부르크, 마드리드, 밀라노, 바르셀로나, 아테네, 로마 등

덴마크

자전거의 천국이에요

코펜하겐 시는 3천 대의 자전거 셀프서비스를 제공하고 있어요. 동전을 넣고 자전거 보관소에서 자전거를 빌려 탄 다음 다른 보관소에 돌려주는 방식이에요. 사람들은 슈퍼마켓의 카트처럼 자전거를 이용하지요. 오늘날 이 시에는 자전거 도로가 350킬로미터가 넘어요. 주민들이나 관광객들이 자전거 택시도 탈 수 있지요. 지구에 10억 대도 넘는 자전거가 돌아다니고 있어요. 그리고 가장 많이 이용되는 교통수단은 여전히 자전거예요. 수십 개의 도시(파리, 툴루즈, 리옹, 바르셀로나, 런던, 멜버른 등)에서 이와 비슷한 시스템을 운용하고 있는데 때로는 사용료를 내야 하는 경우가 있지만 아주 저렴하답니다.

프랑스

지열로 가열해요

바랭 주에 있는 술츠 수 포레의 작은 마을은 보물을 간직하고 있어요. 바로 지하에 있는 갈라진 바위들이에요. 이 바위를 이용해 20년 전부터 전 세계에서 온 학자들이 발전소를 만들었어요. 바위의 단층으로 물이 순환하도록 만들어 놓은 굽이들을 따라 물은 지하에서 5킬로미터를 여행한 후 180도가 되어 나와요. 이때 물이 증기가 되어 나오면서 그 열로 터빈을 돌려 전기를 만들어 내지요. 2008년부터 이렇게 해서 1천500명의 주민이 쓰기에 충분한 전기를 생산하고 있답니다.

영국

친환경으로 건설해요

런던 시는 이산화탄소 배출량을 지금으로부터 2025년까지 2천만 톤을 줄이기로 결정했어요. 주민들과 기업이 함께 노력을 기울일 거예요. 유럽이 온실가스를 20% 줄이겠다고 발표했기 때문에 모든 유럽 국가들은 주민들이 집을 단열 처리하도록 권장하고 에너지를 너무 많이 소비하는 주거지 건설을 금지시킬 거예요. 오늘날, 독일의 프라이부르크나 런던 근교 남부의 베드제드 같은 여러 생태 마을이 실험적으로 운영되고 있어요.

덴마크: 해상 풍력 발전 단지를 세우다

북해에 조성된 호른스 레브 풍력 단지는 현재 세계에서 가장 큰 해상 풍력 발전 단지예요. 이곳에서 생산되는 전기는 15만 가구가 쓰기에 충분해요. 이 에너지 덕분에 덴마크는 온실가스를 내뿜는 열 발전소를 새로 건설하지 않아도 되지요. 15년 전부터 유럽에서는 해마다 풍력 발전으로 생산한 에너지의 양이 30퍼센트 증가하고 있어요.

아시아

- **면적:** 4천381만 582제곱킬로미터(지구 전체 육지의 29.5%)
- **국가 수:** 51개국
- **인구:** 39억 300만 명
- **인구 밀도:** 1제곱킬로미터당 89명
- **주요 언어:** 만다린 어(북경어), 아랍 어, 러시아 어, 힌디 어, 일본어, 페르시아 어, 우르두 어 등
- **대도시:** 도쿄, 서울, 상하이, 콜카타, 델리, 카라치, 봄베이, 마닐라, 다카, 자카르타 등

싱가포르

휴지를 조심하세요!

싱가포르는 아마도 세상에서 가장 깨끗한 도시일 거예요. 나쁜 습관을 없애기 위해 시는 강력한 조치를 취했어요. 껌을 씹는 행위는 사실상 금지되어 있고, 휴지나 담배꽁초를 땅에 버리면 많은 벌금을 물거나 더러운 휴지를 줍는 일을 하루 동안 해야 해요. 시는 쓰레기 처리를 위해 인공 섬을 만들어 그곳에 소각한 쓰레기의 재를 묻어요.

인도: 여성 교육에 힘쓰다

'나리 군잔'은 인도의 여성 해방을 위해 일하는 단체예요. 이 단체는 문맹 퇴치를 넘어서서 좀 더 향상된 교육을 제공하고 있어요. 여성들은 그곳에서 건강, 남녀 관계, 어린이 노동, 미성년자들의 결혼에 관한 여러 가지를 배워요. 46%의 여성이 만 18세가 되기 전에 결혼하는 나라에서는 이런 형태의 교육 센터가 일자리를 얻을 수 있는 기회뿐만 아니라 가정과 사회 전체에서 여성의 지위를 개선할 수 있는 기회를 제공해 주지요.

일본

기후 온난화에 맞서 싸워요

1997년, 역사상 처음으로 일본의 교토에서 세계 여러 나라들이 환경을 위해 함께 협력하기로 합의했어요. 교토 의정서에 사인한 나라들은 온실가스 방출을 줄이기로 약속했어요. 2012년에는 온실가스 방출이 1990년에 비해 5.2% 줄어들 거예요. 오늘날, 172개국이 교토 의정서에 서명했고 두 번째 의정서를 위해 새로운 협상이 진행 중이에요. 두 번째 의정서에는 지구 온난화에 완전히 제동을 걸 수 있는 훨씬 더 중요한 목표들을 세울 거예요.

캄보디아

맹그로브 숲을 구해야 해요

열대 지역 해안에 있는 맹그로브 숲은 건설과 오염으로 인해 점차 사라지고 있어요. 예전보다 면적이 두 배나 줄어들었어요. 맹그로브 숲을 구하기 위해 과학자들은 꼬꽁 지역 사람들과 협력하여 함께 나무를 심기 시작했어요. 그리고 맹그로브 숲에 물고기들이 다시 번식할 시간을 주기 위해 고기잡이를 제한하기로 합의했어요. 곳곳에서 과학자들이 지역 주민들과 함께 일하려고 노력하고 있어요. 인간과 자연 모두가 승자가 되는 해결책을 찾기 위해서 말이에요.

북아메리카

- 면적: 2천207만 8천49제곱킬로미터(지구 전체 육지의 14.9%)
- 국가 수: 3개국
- 인구: 4억 4천300만 명
- 인구 밀도: 1제곱킬로미터당 23명
- 주요 언어: 영어, 스페인 어, 프랑스 어 등
- 대도시: 멕시코, 뉴욕, 로스앤젤레스, 시카고, 워싱턴, 볼티모어, 샌프란시스코, 토론토 등

미국: 2008년에 64개의 댐을 철거하다

좋은 위치에 만들어진 댐은 하천에서 에너지를 얻게 해 줘요. 다른 댐들은 물을 가두어 사람들이 수영할 수 있는 호수를 만들거나 강물의 힘을 조절해요. 그러나 댐은 물고기의 이동을 방해하고 식물들을 물에 잠기게 해요. 오래되어 낡은 댐은 위험할 수 있어요. 댐이 무너지면 홍수가 일어나거든요. 건강한 미국 하천을 위해 투쟁하는 비영리 단체인 아메리칸 리버스의 압력으로 쓸모없고 위험하기까지 한 64개 댐의 철거가 2008년부터 시작되었어요.

미국

캘리포니아의 친환경 정책

캘리포니아는 세계에서 이산화탄소를 12번째로 많이 방출하는 곳이에요. 그중 41%가 교통수단에서 방출되는 것이지요. 그런데 캘리포니아가 정책 방향을 바꾸기로 결정했어요. 2006년, 캘리포니아는 미국의 주 중에서는 처음으로 온실가스 방출을 줄이기로 약속했어요. 어떤 도로에서는 여러 명이 탄 자동차만 다니도록 했어요. 또 샌프란시스코와 로스앤젤레스를 잇는 고속기차가 2017년 개통될 거에요. 마지막으로 캘리포니아는 주에서 사용하는 에너지의 3분의 1을 재생 원료로부터 얻기로 약속했어요.

캐나다

봄맞이 대청소

해마다 '환경의 벗 재단'에서 캐나다 연안의 대청소를 실시해요. 2007년, 4만 5천 명이 참가하여 일주일 만에 87톤도 넘는 쓰레기를 수거했어요. 이런 쓰레기를 수거하지 않으면 수많은 환경 문제가 일어날 수 있어요. 전 세계에서 쓰레기를 청소하는 일이 많아지고 있어요. 몽블랑이나 에베레스트로 청소를 하러 원정을 떠나기도 해요.

멕시코

초록색 비틀 택시의 추방

폭스바겐 사의 초록색 비틀 택시는 멕시코시티의 명물이에요. 하지만 공해를 많이 일으켰지요. 그래서 시는 비틀 택시를 공기를 덜 오염시키는 자동차로 바꾸기 시작했어요. 1990년대에 시작된 자동차의 시내 운행 제한과 대중교통의 발전으로 멕시코 시티의 공기는 이전에 비해 훨씬 깨끗해졌어요. 오랫동안 세계에서 가장 오염된 도시에 속했던 도시가 말이에요.

남아메리카

- **면적**: 1천784만 제곱킬로미터(지구 전체 육지의 12%)
- **국가 수**: 22개국
- **인구**: 3억 7천100만 명
- **인구 밀도**: 1제곱킬로미터당 21명
- **주요 언어**: 포르투갈 어, 영어, 스페인 어, 네덜란드 어, 프랑스 어, 과라니 어, 케추아 어 등
- **대도시**: 상파울루, 부에노스아이레스, 리우데자네이루, 보고타, 리마, 산티아고, 카라카스 등

볼리비아

산림 파괴에 저항하는 태양열 오븐

볼리비아와 남아메리카의 다른 나라에서는 비영리 단체가 여성들을 돕고 있어요. 여성들은 조리하는 데 쓸 나무를 구하기 위해 점점 더 멀리 나가서 산림을 파괴하고 있어요. 이 비영리 단체는 여성들에게 태양열 오븐을 만드는 법과 사용하는 법을 가르치지요. 알루미늄 호일이나 거울을 오븐 안쪽 면에 달고 태양열을 모아 음식을 구워요. 그 열은 100도가 넘지요. 태양열 오븐은 해가 나면 바로 사용할 수 있어요. 열대 지방의 나라에서는 1년 내내 거의 사용할 수 있고 온대 지방에서도 자주 사용할 수 있답니다.

칠레

1만 5천 리터의 물안개

수년 전부터 물 부족으로 고통 받는 칠레의 북부 주민들은 한 가지 해결책을 찾아냈어요. 큰 그물로 물안개를 모아 깨끗한 물을 마을에 무료로 제공하는 거예요. 높이 4미터, 폭 12미터인 이런 그물은 하루에 평균 1만 5천 리터의 물을 얻어요. 물은 그물망을 따라 흘러 홈통으로 들어가서 탱크에 저장돼요. 그러나 공급이 불확실해서 안개를 며칠씩 기다려야 하는 경우도 있어요. 이 방법은 아프리카의 몇몇 지역에서도 사용되고 있어요.

브라질

친환경 운동화, 베자

베자는 공정 무역을 통한 친환경 운동화를 제작하는 프랑스 브랜드예요. 운동화의 천은 브라질의 북동부 지역에서 소규모 생산자들이 재배한 친환경 면으로 만들고, 밑창은 아마존 밀림에서 자라는 파라고무나무에서 채취한 고무로 만들어요. 2006년, 공정한 것으로 인증된 제품이 세계적으로 16억 유로가 넘게 팔린 것으로 알려졌어요. 2005년에 비해 41%가 증가한 수치예요. 거의 150만 명의 빈곤한 생산자와 노동자가 공정 무역의 혜택을 직접적으로 받는 것으로 보고 있어요.

칠레: 나무를 다시 심다

칠레의 마예코에는 인디언들이 양을 치고 메마른 땅에서 농사를 지으며 가난하게 살고 있었어요. 그러다 2007년부터 530가구가 과학자들의 도움을 받아 공사를 시작했어요. 800헥타르의 면적에 나무를 심는 일이었지요. 이 나무들은 성장하는 30년 동안 5만 3천 톤의 이산화탄소를 흡수할 거예요. 또한 토양이 쓸려가지 않도록 막아 주고 토양을 비옥하게 만들어 줄 거예요. 숲에 사는 동물들을 끌어들일 것이고, 숲에 필요한 물을 머금게 할 거예요. 인디언들은 나무들이 다 자라면 벌목해서 판매한 수익으로 살아갈 수 있기를 기대하고 있지요.

아프리카

- **면적**: 3천20만 6천704제곱킬로미터(지구 전체 육지의 20.3%)
- **국가 수**: 54개국
- **인구**: 9억 4천400만 명
- **인구 밀도**: 1제곱킬로미터당 31명
- **주요 언어**: 아랍 어, 베르베르 어, 스와힐리 어, 영어, 프랑스 어, 포르투갈 어, 하우사 어, 요루바 어, 디울라 어, 풀풀데 어, 월로프 어 등
- **대도시**: 카이로, 라고스, 프레토리아–요하네스버그, 킨샤사, 아비장, 알렉산드리아, 카사블랑카 등

가봉

고릴라를 보호합시다

고릴라의 모든 종은 오늘날 멸종 위기에 처해 있어요. 중앙아프리카와 서아프리카에 생존하고 있는 고릴라들을 보존하기 위해 노력을 기울여야 해요. 고릴라가 살고 있는 숲을 보존하고, 고릴라를 보호해야 할 급박한 상황을 주민들이 알도록 교육시키고, 인간의 가까운 친척인 이 동물을 과학자들이 연구하도록 도와서 말이지요. 이 세 가지 해결책은 본(Bonn) '고릴라' 협약에 나와 있어요. 2008년 말 가봉이 이 협약에 사인했어요. 중앙아프리카 공화국, 콩고, 나이지리아, 콩고 민주 공화국과 르완다도 이 협약에 사인했어요.

르완다

검은코뿔소가 돌아왔어요

옛날에는 검은코뿔소가 아프리카 대초원에 고루 분포하여 살았어요. 하지만 사람들이 뿔을 팔기 위해 코뿔소를 마구 잡아 죽였지요. 오늘날, 제법 많은 검은코뿔소가 살고 있는 나라는 몇몇에 불과해요. 바로 남아프리카 공화국, 나미비아, 짐바브웨와 케냐예요. 그리고 다시 르완다로 돌아오는 중이에요. 400종이 넘는 식물 종과 250종이 넘는 동물 종을 되살리려는 노력이 이미 세계 각지에서 이뤄졌는데 그중 10~50%만 성공을 거둔 듯해요.

짐바브웨

작은 친환경 공간

먼저, 땅에 구멍을 하나 파고 그 위에 구멍 뚫은 나무판자를 덮어요. 사람들의 시선을 피할 수 있도록 구멍 주변에 천막을 두르고요. 이렇게 만든 친환경 화장실이 바로 '아르보루루'에요. 배설물이 가득 차면 나무판자와 천막을 걷어 내고 그곳에 나무를 한 그루 심어요. 나무는 배설물을 거름 삼아 무럭무럭 자랄 거예요. 이런 형태의 화장실은 아프리카, 특히 1990년대에 이 화장실을 처음으로 만들어 낸 짐바브웨에서 어느 정도 성공을 거두었어요.

**수단:
빨대로 물을 걸러 마셔야 해요**

깨끗한 물이 없을 때는 병에 걸리지 않고 설사를 하지 않기 위해 어떻게 해야 할까요? 물을 걸러서 마셔야 하지요. 국제적 기업 베스터가르드 프랑센 사는 10년 전부터 휴대용 정수기인 '생명 빨대'를 판매하고 있어요. 이 빨대는 이질, 장티푸스, 콜레라를 일으키는 박테리아를 걸러 줘요. 열이 나게 하고, 물집이 생기게 하며, 사람 몸속에서 자라는 작은 기생충인 기니아충을 제거하는 데도 이 빨대가 효과적이에요. 아프리카에서 매일 2만 2천 명이 오염된 물을 먹어서 걸리는 전염병 때문에 목숨을 잃는 답니다.

오세아니아

- **면적**: 900만 8천458제곱킬로미터(지구 전체 육지의 6.1%)
- **국가 수**: 14개국
- **인구**: 3천200만 명
- **인구 밀도**: 1제곱킬로미터당 4명
- **주요 언어**: 영어, 프랑스 어 등
- **대도시**: 시드니, 오클랜드, 멜버른 등

뉴질랜드

친환경 농장에서 휴가를 즐겨요

우프(WWOOF)는 '유기농 농장에서 자발적으로 일하는 사람들'이라는 뜻으로, 친환경적으로 여행하는 한 방법이에요. 관광객은 매일 농장에서 몇 시간씩 풀 뽑기, 과일 따기 같은 일을 해요. 그 대가로 숙식을 제공 받지요. 이렇게 휴가를 보내는 것은 오스트레일리아와 캐나다에서 아주 흔한 일이랍니다.

오스트레일리아: 대산호초 그레이트 베리어 리프를 보호해요

오스트레일리아의 해안선을 따라 위치하고 있는 이 거대한 산호초는 지구 상에서 가장 큰 생물 구조예요. 그러나 해양 오염, 수온 상승과 어업으로 위협을 받고 있지요. 이 산호초의 대부분은 오늘날 보호 구역으로 지정되어 있어요. 어떤 곳에서는 어업이나 출입이 금지되어 있고요. 세계에서 가장 장관인 서식지와 그곳에 사는 동식물군을 보호하기 위해 10만 곳도 넘는 보호 지역이 존재해요. 보호 지역을 모두 합치면 인도와 중국을 합친 면적보다 더 크답니다.

오스트레일리아

도시가 태양의 금빛으로 물들어요

클론커리 시는 태양열 발전소를 갖추어 모든 주민에게 전기를 공급하기로 결정했어요. 2010년에는 발전소의 거울 8천 개가 태양열을 모았어요. 이렇게 해서 얻은 열로 물을 끓이고, 그 물은 증기로 바뀌어 전기를 생산하는 터빈을 돌려요. 사진 속 오스트레일리아의 태양열 발전소처럼 말이에요. 클론커리는 오직 태양열만 사용하는 오스트레일리아 최초의 도시가 될 거예요. 이것은 석탄이 전기 생산에 가장 많이 사용되는 나라에서 이산화탄소 배출량을 줄이는 새로운 방법을 제시하는 것이지요.

파푸아 뉴기니

마이크로 크레딧(무담보 소액 대출)

마이크로 크레딧은 아주 적은 금액을 아주 가난한 사람들에게 빌려 주어 일자리를 만들도록 하는 제도예요. 예를 들어, 20유로면 재단사가 중고 재봉틀을 사서 돈을 더 벌 수 있어요. 이 제도는 가난을 퇴치하는 데 아주 훌륭한 방법이에요. 또한 어린이 노동을 방지하는 데 도움이 되기도 하지요. 왜냐하면 부모가 직접 일을 해서 생계를 꾸려 가면 자녀들을 학교에 보낼 수 있으니까요. 해마다 30%가 증가하고 있는 마이크로 크레딧 덕분에 이미 전 세계에 1억 5천만 명이 일자리를 찾았어요.

환경 용어 사전

ㄱ

- 공산품: 원료를 공장에서 가공하여 대량으로 만들어 내는 제품이에요.
- 국내 총생산(GDP): 1년 동안 한 나라의 국민이 생산한 모든 재화와 서비스의 총액을 말해요.
- 기름띠: 많은 양의 원유나 중유 제품이 유출되어 바다나 강에 떠 있는 상태를 말해요. 이것은 산업 재해이자 환경 재해이지요.

ㄴ

- 농작물 산업: 농산물을 식품 재화(고기, 생선, 과일, 야채, 치즈, 냉동식품 등)로 바꾸는 생산적 활동이나 기업, 조직 등을 말해요.

ㄷ

- 도시화: 도시가 개발되고 인구가 도시로 집중되는 현상이에요.

ㅁ

- 맹그로브 숲: 습한 열대 국가의 해안을 따라 형성된 밀림을 말해요.
- 물 스트레스: 물이 부족해서 일어나는 현상이에요. 물에 대한 수요가 사용할 수 있는 실제 양을 넘어설 때 물 스트레스가 생겨요.

ㅂ

- 바이오매스: 특정 기간, 특정 지역 내에 있는 식물이나 미생물에서 얻는 친환경 생물 자원이에요.
- 바이오 연료: 재생 가능한 친환경 원료(곡식, 설탕, 식물성 기름 등)로 지속적으로 공급이 가능한 에너지원이에요.
- 부유 미립자: 물속이나 공기 속에 떠도는 아주 작은 물질이에요.

ㅅ

- 사막화: 기후의 변화와 인간 활동(집약 농업, 산림 파괴, 건설 등) 때문에 땅이 척박해져서 사막으로 바뀌는 현상을 말해요.
- 사이클론: 벵골 만과 아라비아 해에서 형성되는 열대성 저기압으로, 아주 센 바람과 폭우를 동반해요.
- 산림 파괴: 숲의 땅을 다른 용도(주거지, 농사, 도로 건설 등)로 사용하기 위해 산림을 파괴하는 것을 말해요.
- 산성비: 산성을 강하게 포함한 비로, 인간 및 동식물의 건강과 건축물에 나쁜 영향을 줘요.
- 살충제: 해충들을 없애기 위해 뿌리는 화학 제품이에요.
- 삼림학: 숲을 보존하며 효율적으로 이용하는 방법을 연구하는 학문이에요.
- 생물 다양성: 동물과 식물 등 지구에 살고 있는 다양한 생명을 종합적으로 일컫는 말이에요.
- 생태 발자국: 음식, 옷, 에너지 등을 생산하는 인간의 모든 산업 활동과 쓰레기 처리에 드는 비용을 토지 면적으로 나타낸 수치예요. 1인당 감당해야 할 생태 발자국 면적이 넓을수록 환경 문제가 심각하다는 의미이지요.
- 생태 용량: 각국이 지속 가능한 상태를 유지하면서 활용할 수 있는 자원의 양을 말해요.
- 소각로: 쓰레기를 태우는 데 사용하는 장치예요. 여기서 만들어진 열은 전기를 만드는 데 사용되거나 가정 난방용으로 쓰일 수 있어요.
- 수력 전기: 댐, 터빈, 해저 터빈 등에서 발생하는 수력 에너지로 만들어 낸 전기를 말해요.
- 수입: 한 나라나 한 지역이 재화나 서비스를 외국에서 사들이는 것이에요.
- 수출: 한 나라나 한 지역에서 생산된 재화나 서비스의 일부를 외국으로 파는 것이에요.

 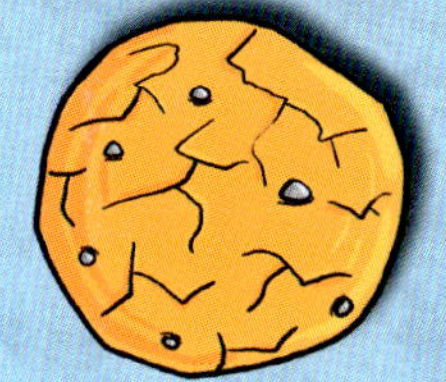 

- 스모그: 대기 오염 물질들이 한데 엉겨 안개와 같이 앞이 잘 안 보이는 현상을 말해요.

ㅇ

- 영양실조: 영양소의 부족으로 빈혈, 부종 등 신체에 일어나는 이상 상태를 말해요.
- 오존층: 땅 위 20~50킬로미터 사이에 위치한 대기층으로, 태양의 유해한 광선 대부분을 흡수해요.
- 온실가스: 대기 안에 원래 존재하는 가스예요. 지구가 내보내는 열에너지의 일부를 흡수해서 지구의 평균 기온을 알맞게 유지하는 기능을 해요. 온실가스가 없다면 지구의 기온은 영하 18도가 될 거예요.
- 온실 효과: 지구의 대기가 빛은 받아들이고 열은 내보내지 않는 온실과 같은 작용을 한다는 데서 유래한 자연 현상을 말해요. 대기는 태양열을 받아들이고 내보내지 않아요. 대기 중에 있는 온실가스는 지구가 내보내는 석외선을 흡수해요. 직외신이 많을수록 대기의 토양의 기온은 높아지지요.
- 유기 농업: 비료, 살충제, 유전자 변형 물질을 사용하지 않는 농업이에요.
- 유아 사망률: 태어난 아이 1천 명 중 생후 1세 이전에 사망한 아기들의 수를 비율로 나타낸 것을 말하지요.
- 유전자 변형 농산물(GMO): 사람이 새롭게 조작한 유전 물질을 포함하고 있는 생물체를 말해요. 이런 과정을 거친 생물체는 더 강하고 더 아름답고 더 저항력이 있어야 하지만, 환경과 인간 건강에 대한 부작용은 아직 밝혀지지 않았어요.

ㅈ

- 재생 가능 에너지: 물, 공기, 바람, 태양, 지열 등과 같은 자연에서 온 에너지로, 끝없이 사용할 수 있어요.
- 집약 농업: 수확량을 늘리기 위해 제초제, 살충제, 비료 등과 같은 생산 요소를 사용하는 농업이에요.
- 재활용: 이미 사용한 제품을 새로운 제품을 만드는 데 온전히, 또는 부분적으로 다시 사용하는 것을 말해요.
- 전염병: 많은 사람에게 급속도로 퍼져 유행하는 병이에요.
- 중금속: 지각, 물, 공기와 사람에게 낮은 농도로 들어 있는 금속이에요. 이런 금속 중 어떤 것들은 인간에게 아주 미량이지만 꼭 필요해요. 그러나 대부분의 중금속은 모두 해로운 것이고, 그중 몇 개는 농도가 높으면 암을 일으킬 수 있어요.
- 지하수 층: 지하에 물이 고이는 곳으로, 우물이나 물을 마실 수 있는 샘으로 물이 흘러들어 가요.

ㅌ

- 토양의 침식: 여러 가지 자연적인 원인이나 도시화, 농업 등 인간의 활동으로 인해 토양이 파손되는 과정을 말해요.

ㅎ

- 하수망: 폐수를 모으고 처리하고 제거하는 시설을 갖춘 시스템이에요.
- 하수 처리장: 빗물이나 집, 공장, 병원 등에서 쓰고 버린 더러운 물을 인공적으로 정화시켜 주는 시설이에요.
- 화석 에너지: 화석 연료로 만든 에너지예요.
- 화석 연료: 지질 시대에 땅속에 파묻힌 동식물의 유해가 오랜 세월에 걸쳐 변화하여 만들어진 물질을 연료로 이용하는 것이에요. 석유, 가스, 석탄 등을 말해요.
- 합리적 농업: 집약 농업보다 환경을 더 생각하는 농업이에요.

글 이자벨 니콜라치

이자벨 니콜라치는 기자이면서 편집자로, 지속 가능한 발전과 자연 보호 운동에 적극적으로 참여하고 있어요. 밀랑 출판사의 〈나의 지구를 위해 행동하기〉 시리즈 중
두 권을 쓰기도 했어요. 파리라는 대도시에서 11년을 살다가 자연을 느끼며 살고 싶어서 지금은 알프스 산맥 바로 근처에 있는 그르노블에서 살고 있답니다.

그림 크리스틴 퐁숑

크리스틴 퐁숑은 프랑스 리옹 지역에 위치한 그래픽 미술 학교에서 공부했어요. 그래픽을 공부하기 시작하던 무렵에 어린이 책 분야에서 일하기로 진로를 결정했지요.
그 뒤 밀랑 출판사에서 어린이 책을 멀티미디어로 만드는 프로젝트에 참여했어요. 또한 지리학을 교육하는 영상 통신 기관과 협력하여 일하기도 했어요.
현재 프랑스의 리옴이라는 고즈넉한 도시에 살고 있답니다.

옮김 김이정

서강대학교 불문학과를 졸업하고 같은 학교 대학원에서 언어학 석사 학위를, 파리 13대학교에서 언어학 박사학위를 받았어요.
현재 서강대학교에 출강하고 있으며, 번역가로 활발하게 활동하고 있어요. 옮긴 책으로는 《직업의 세계》, 《개 이야기》, 《생명의 역사》, 《말하는 나무》,
《거짓말은 왜 나쁠까요?》, 《심술쟁이 마녀 소동》, 《지구촌의 불평등》 등 많이 있습니다.

1판 1쇄 발행 2010년 12월 10일
1판 2쇄 발행 2013년 12월 05일

글 이자벨 니콜라치 그림 크리스틴 퐁숑 사진 비오포토 옮김 김이정
기획 및 편집 윤인숙 김사랑 표지 및 본문 디자인 최미순 관리 박은성
펴낸이 윤상열 펴낸곳 도서출판 그린북 출판등록 1995년 1월 4일(제10-1086호)
주소 서울 마포구 망원동 471-18 두영빌딩 302호
전화 02-323-8030~1 팩스 02-323-8797
블로그 http://greenbook.kr 이메일 gbook01@naver.com

Mon atlas écolo
written by Isabelle Nicolazzi
Illustrated by Christine Ponchon
Photos from Biosphoto agency
Copyright © 2009 Editions Milan-300, rue Le'on Joulin-31101 Toulouse Cedex-France
www.editionsmilan.com

Korean translation copyright © Green Book, 2010
This Korean edition was published by arrangement with Editions Milan though Sibylle Books Agency, Seoul.

이 책의 한국어판 저작권은 시빌에이전시를 통해 프랑스 Milan 출판사와 독점 계약한 그린북에 있습니다.
저작권법에 의해 한국 내에서 보호를 받는 저작물이므로 무단 전재 및 무단 복제를 금합니다.

ISBN 978-89-5588-216-2 64900
ISBN 978-89-5588-211-7 (세트)

*잘못된 책은 구입하신 곳에서 바꿔 드립니다.

*이 도서의 국립중앙도서관 출판도서목록(CIP)은 e-cip홈페이지(http://www.nl.go.kr/ecip)에서
 이용하실 수 있습니다. (CIP제어번호 : 2010004181)